女孩成长导图

吴利霞 ◎ 著

成都时代出版社
CHENGDU TIMES PRESS

图书在版编目（CIP）数据

女孩成长导图 / 吴利霞著 . -- 成都：成都时代出版社，2023.6
ISBN 978-7-5464-3188-8

Ⅰ．①女… Ⅱ．①吴… Ⅲ．①女性—青春期—心理健康—健康教育 Ⅳ．①G444

中国版本图书馆 CIP 数据核字 (2022) 第 228805 号

女孩成长导图
NUHAI CHENGZHANG DAOTU

吴利霞 著

出 品 人	达 海
责任编辑	李 林
责任校对	樊思岐
责任印制	黄 鑫　陈淑雨
封面设计	天下书装
装帧设计	柳育婷

出版发行	成都时代出版社
电　　话	（028）86742352（编辑部）
	（028）86615250（发行部）
印　　刷	三河市双升印务有限公司
规　　格	710mm×1000mm　1 / 16
印　　张	15
字　　数	220千字
版　　次	2023年6月第1版
印　　次	2023年6月第1次印刷
印　　数	1—20000
书　　号	ISBN 978-7-5464-3188-8
定　　价	45.00元

著作权所有·违者必究
本书若出现印装质量问题，请与工厂联系。电话15832658448

前言

这是一本给父母看的书。

多数父母对孩子重养、轻育，即特别注重孩子的衣食住行、身体健康，对孩子的认知能力、心理成长、德行塑造以及良好的习惯培养等方面更多的是顺其自然。当父母发现孩子某些方面出现问题时，比如孩子小的时候过于自我，上学后记不住简单的知识、写作业拖拖拉拉，进入青春期后叛逆不听话等，经常会表现得急躁且束手无策。

是的，没有人是天生的教育家，做父母的需要学习。

首先，需要学习了解孩子。要了解孩子的生理、心理成长规律，不同年龄段的孩子一般具备什么样的生理、心理、行为特点，孩子在某些关键年龄会出现哪些明显的变化，这样才能对孩子出现的问题了然于胸，问题解决起来自然就顺利得多。

其次，要学习教育孩子的基本理念和方法。孩子有一些不好的习惯，但是怎么教都改不过来，或者做父母的可能也知道自己的某些做法对孩子是一种伤害，可又不知道该怎么做，父母的这种种困扰也许会因为书中的一句话就茅塞顿开。教育专家李玫瑾说："孩子的每种行为和心理，一定和父母的教育方式有关。"而正确、高效的教育方式一定要通过学习获得。

第三，要学习跟孩子相处的方式和沟通的方法。很多家长跟孩子相处完全以自我为中心，要么简单粗暴、不容置疑，要么放任自流、顺其自然，忽略了孩子的需求，导致跟孩子的关系疏远、紧张。正确的做法应该是放下架子，用爱心、关心、信心架起跟孩子沟通的一座桥梁，不管孩子长到多大，你们的心相连，就没有解决不了的问题。

特别重要的是，女孩子跟男孩子的成长步调、心理和行为特点等都不一样，家长要了解这些"不一样"，才能把女儿培养成一个优秀的女孩。

父母是孩子的人生导师，带着这幅"导图"按图索骥，你一定可以引领孩子在成长的路上走出他的人生精彩。

目录

第一章 女孩生理成长导图

0-7岁：女孩和男孩的区别在于生理特征 / 2

0-7岁：安全、健康是女孩最重要的生理课 / 6

0-7岁：女孩"发育商"最佳培养时期 / 10

8-14岁：培养高挑女孩的四个后天因素 / 14

8-14岁：如何告诉女儿生理期知识 / 17

附　0-7岁：对照女孩成长参数，培养健康女孩 / 20

第二章 女孩心理成长导图

0-7岁：打开女孩好奇心的心理大门 / 28

0-7岁：从小建立信任，构建良好的心理沟通渠道 / 32

8-14岁：叛逆的女孩也可以好好沟通 / 36

8-14岁：跨越女孩的自卑心理阶段 / 40

附　0-7岁：正向引导女孩的争强好胜心理 / 44

第三章 女孩气质培养导图

穿衣切勿过早成人化 / 48

少女不宜化浓妆，素颜美才是真的美 / 51

气质女孩，总不会忘记微笑 / 55

站有站姿，坐有坐相 / 59

附　8-14岁：从点滴做起，培养一个超凡脱俗的女孩 / 63

第四章 女孩习惯成长导图

讲卫生,是女孩必备的习惯 / 66

阅读习惯是女孩最好的化妆品 / 69

良好的饮食习惯是女孩美的资本 / 73

早睡早起,培养良好的作息习惯 / 76

守时习惯是女孩迈向成功的根本 / 80

附 8-14 岁:礼貌是一种美,更是一种习惯 / 84

第五章 女孩性格成长导图

女孩因自信而美丽 / 88

塑造女孩的阳光心态 / 92

不甘平庸,不甘落后 / 96

自律是女孩最高级的姿态 / 99

附 8-14 岁:女孩性格培养的 5 个关键期 / 103

第六章 女孩情商成长导图

教女孩学会放下怨恨，放下负担 / 106

女孩懂得倾听的重要性 / 110

懂赞美之词，尤其是女孩 / 114

女孩懂幽默，人生更精彩 / 118

不喜欢的，当然可以拒绝 / 121

附 8-14 岁：能控制住情绪的女孩必然胜人一等 / 125

第七章 女孩能力成长导图

才艺培养，女孩内外兼修的方式之一 / 128

自理能力，女大总有不由娘的时候 / 132

树立女孩正确的金钱观及理财能力 / 136

高效利索，这样的女孩人人爱 / 140

附 8-14 岁：学习能力，这是女孩不断强大的根本 / 144

第八章 女孩品德成长导图

女孩要有一颗负责任的心 / 146

感恩能让女孩左右逢源 / 150

告诫女儿,有些东西绝不能"碰" / 154

节俭是美德,从小须培养 / 157

爱心是女孩身上最高贵的品质 / 161

附 8-14 岁:正确的价值观引导女孩高贵的品德 / 165

第九章 女孩思维成长导图

逻辑思考,女孩快速反应的基础 / 168

女孩要时刻具备自我保护意识 / 172

天马行空,打破定势思维,培养发散思维 / 175

观察 + 思考,提升女孩的形象思维 / 179

附 8-14 岁:释放女孩探索的天性,养成善于思考的习惯 / 182

第十章 女孩"逆商"成长导图

小孩之间的矛盾,让孩子自己去解决 / 186

被老师批评的"小可怜" / 190

培养提升女孩直面挫折困难的勇气 / 194

与其承受不快,不如逆境思考改变 / 198

附 8-14岁:强健内心,女孩的心态有多强,"逆商"就有多强 / 202

第十一章 女孩情感成长导图

自尊,是女孩端正情感的基础 / 206

友谊是人类最高尚的感情 / 210

不以己悲,引导女孩正视缺点 / 214

附 9-14岁:青春期,正确认识性与爱 / 218

附 0-12岁女孩成长特点 / 221

第一章

女孩生理成长导图

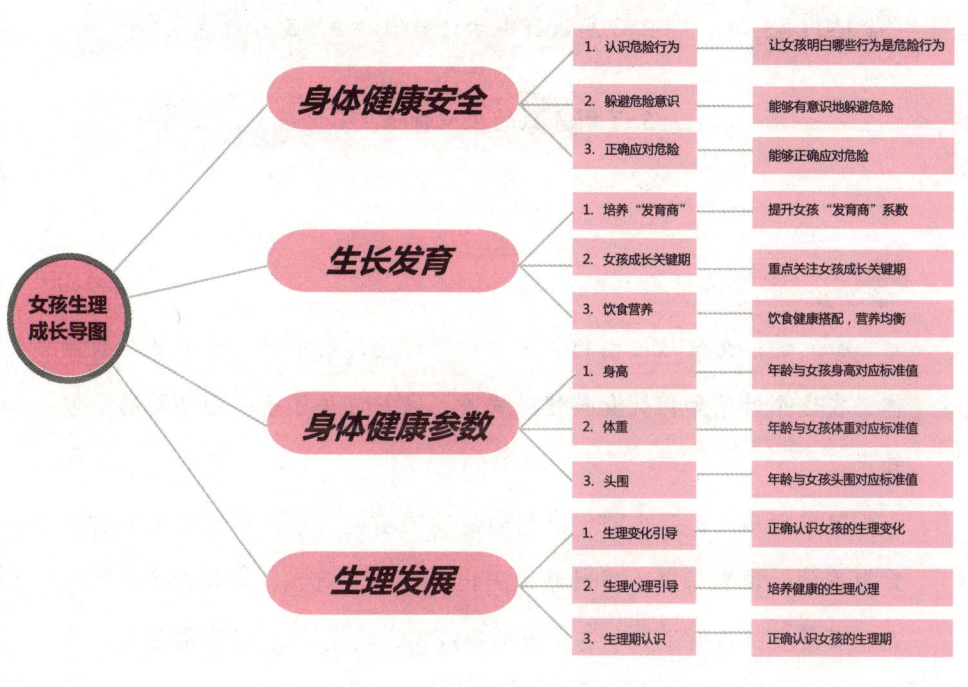

0-7岁：女孩和男孩的区别在于生理特征

成长目标
1. 男孩和女孩生理敏感度的不同。
2. 了解女孩成长过程中的生理变化特点。
3. 了解女孩的生理特征。

 开篇导读

有人说，女孩从出生到7岁的这个时期，最重要的任务就是长身体，在这个时期如何让女孩健康成长，家长应该了解一些必要的生理知识。

就在前几天，我去同学家里做客。同学炖了一只鸡，说是农村老家散养的，很有营养。当时她丈夫出差了，只有我、她和她3岁的女儿。饭桌上，她掰了一个鸡大腿准备给我，我连忙说："不要不要，我正减肥呢！"

随后我说："你吃吧，不用客气。"

她想了想说："给孩子吃吧，她正是长身体的时候！"

当听到这句话的时候，感觉自己仿佛回到了小时候，那时候，长辈总是将好吃的给我吃，理由就是"我正是长身体的时候"！

父母都明白孩子生长期的重要性。让女孩健康、科学地成长，家长除了掌握长辈流传下来的经验外，还需要主动地去了解一些生理知识。

因为，不同年龄段的女孩生理特征是不同的，此外，相同年龄段的男孩和女孩的生理表现、发育成长等也是不同的，比如同样的年龄，男孩和女孩敏感度不同，喜欢玩的游戏不同，男孩通常比较调皮，女孩比较乖巧；男孩的逻辑思维能力强，女孩的语言表达能力强等，这些都是因为男孩和女孩的生理构造不同而凸显出来的外在表现。

比如我们常说的"三翻六坐九爬"，再比如三个月的宝宝开始认人，六个月的宝宝开始学习大人的动作等。不同年龄不同的生理表现其实是在告诉我们，什么年龄段该采用什么样的方法培养，什么年龄段该培养孩子哪方面的能力。

当女孩进入青春期后，身体会发生不同程度的生理变化，比如身高迅速增加、思想活跃、性激素产生并增加、声音变化等。当这些生理特征不断出现时，如果父母不能给予正确的引导培养，一方面会给女孩心理成长造成困扰；另一方面，可能由于父母错误的引导培养，导致女孩对自己的生理特征产生错误的认识。

故事赏析

前段时间出差，认识了一位妈妈，她有两个孩子，第一个孩子是男孩，已经3岁；第二个孩子是女孩，3个月大。在聊天中，她感叹道："女孩难养啊！"

我不解地问她："这话怎么说？"

女孩成长导图

她说:"男孩这么大的时候,谁都可以抱,不哭不闹,而女儿非常黏自己,不管是爷爷还是奶奶,一抱就哭,只有我抱着才会安静下来。"

看,这就是男孩和女孩的不同,通常,女孩对碰触的敏感度要比男孩强,当陌生人出于爱去抚摸男孩时,他一般不会有太大的反应,相反,去抚摸女孩时,女孩会出现强烈的抗拒行为,比如哭闹。这种现象也可以说是男孩和女孩性别差异的具体表现。

也许,正是因为这种不同的生理表现,"男孩要穷养,女孩要富养"的观念流传于民间,对于父母来说,男孩的生理敏感度低,养育更加容易;女孩的生理敏感度高,需要处处关心爱护,养育也更加费心。

这种培养理念大多是经验之谈,但可以肯定的是,女孩的生理敏感度的确要比男孩强,所以,我们不能拿养育男孩的一套去养育女孩,否则不利于女孩心理、性格等方面的发展。

养育方法 »

我们在养育女孩时要注意以下几点:

第一,女孩生理特征敏感度较强。因为女孩生理特征敏感度较强,所以我们在养育女孩的时候要更加用心,关注度要更高。比如第一次爷爷奶奶抱女儿时,女儿如有抗拒感,要给女儿一个认知缓冲的过程,不可放任不管或呵斥。

第二,正确地"富养女"。"富养女"不是让女儿穿金戴银,饭来张口,衣来伸手,更不是对女儿百依百顺地娇惯和溺爱,而是让女孩感受到安全感和父母家庭的温暖,引导激发女孩自然的天性和可爱的一面。

第三，了解生理知识。 女孩对生理知识的了解宜早不宜晚,最好由母亲或其他女性进行引导,具体方法可参考本章小节"生理期知识如何告诉女儿"。

> **精要分享**
>
> 一直到 3 岁之前,女孩和男孩的区别都不是很大,他们的身长和体重的成长曲线几乎一样。3 岁以后,同龄的男孩一般会比女孩高一两厘米,体重也略重。但随着宝宝不断长大,在体内性别激素的作用下,女孩和男孩的生理和心理发展差异会逐渐明显起来,了解女孩和男孩之间的差异,对于养育宝宝是很重要的。

0-7岁：安全、健康是女孩最重要的生理课

成长目标
1. 让孩子明白哪些行为是危险行为。
2. 让孩子知道哪些地方不可以去。
3. 初步培养孩子躲避危险的意识。

开篇导读

0至7岁的孩子发育不尽相同，但不管男孩女孩，他们都有一个共同的特点，那就是好动，常常伺机逃离父母的保护，挣脱大人的约束，爬高上梯，摸摸这摸摸那，似乎有使不完的劲，往往越是在这个时候，危险越是可能不期而至。比如在玩耍的时候摔伤、烧伤、烫伤、溺水等，这些不幸事件的发生对一个家庭的打击是非常大甚至致命的，对于孩子的未来也是有极大影响的，尤其对于女孩子来说，烧伤、烫伤会留下一生的痕迹。

所以，从一定角度来说，安全、健康是女孩最重要的生理课。在女孩成长的过程中，父母首先要做的就是保护女孩的身体健康成长，不受伤害。

 故事赏析

月月是一个小女孩，已经2岁了。这天周末，月月的爸爸休息，约了几个好朋友准备中午吃完饭去打球。

妈妈在做饭，爸爸倒了一杯开水放在客厅的书桌上，并打开盖子，想让水凉得快一些。他放下杯子后特意看了一下桌子的高度，高度差不多有一米二左右，而月月身高还不到一米，只能缓慢地挪动。爸爸觉得月月摸不到，不会有啥危险。

妈妈将饭做好了，为了早点吃完饭去打球，爸爸低头专心地坐在饭桌前吃了起来，妈妈还在厨房忙活，似乎没有人注意扶着墙慢慢挪动的月月。

"啪嚓"！爸爸循声扭头望去，月月站在书桌下面，他装开水的杯子掉在地上摔得稀碎，月月的胳膊上、肩膀上湿了，接着月月哇哇大哭了起来。

爸爸马上意识到是月月将杯子打翻，开水倒在月月的身上，这时妈妈也从厨房跑了出来，见此情况，妈妈赶紧用凉水冲月月被烫的地方……

凉水冲过之后，月月的胳膊、肩膀上依然有被烫伤的红斑，事不宜迟，他们赶快将月月带去医院治疗。经过诊断，医生告诉他们，幸亏在烫伤后第一时间用凉水冲了，否则，后果可能很严重……

0至7岁的宝宝在家里也会有危险，这不是危言耸听，很多父母就是因为疏忽大意，给孩子的身体造成了很大伤害。我当年带孩子去医院看病的时候，经常看到因为孩子顽皮而发生的一些安全事故。孩子天性

好动,这是无法改变的,而作为父母,我们该如何保护孩子的健康安全呢?

养育方法 >>

第一,清除安全隐患。及时收拾容易绊倒孩子的东西,桌角等尖锐的地方要进行处理,比如安装护角;阳台护栏要足够高,且不堆积物品,避免宝宝攀爬;窗户要加装护栏,特别是有飘窗的窗户;浴缸放水时先放冷水再放热水,不要让宝宝一个人在浴室玩耍,药品、卫浴品、热水壶等容易给孩子身体造成伤害的东西要放到孩子摸不到的地方,且要封闭紧密,总之一切威胁孩子安全的隐患都要排除。

第二，**示范**。曾看过一个视频，一位奶奶将一根黄瓜放在门缝里，门一关黄瓜便被夹成了两截，然后她对着3岁的孙女说："来，把你的手放里面！"此时小女孩吓得哇哇大哭，急忙往后退。虽然是一个段子，但我们也可以用类似的方法来教育孩子，这种方法更容易让宝宝记住哪些行为是危险的，是需要避免的。

第三，**安全教育**。带孩子观看一些安全教育动画片，并进行讲解，比如不能玩火、不可以去池塘边玩耍等；孩子3岁后，要教会孩子拨打求救电话，并让孩子记住自己的名字、家庭地址、父母的名字及电话等。

精要分享

我国《幼儿园指导纲要》中明确指出："幼儿园必须把保护幼儿生命和促进幼儿的健康放在工作的首位。"也就是说，幼儿安全教育是国家层面的大事，关乎祖国的未来。只有孩子身体健康健全，才能保证其心理健康发展。人民网也曾发文表示，安全是给孩子的最好礼物。

家长必须懂得，孩子的安全、健康是家庭教育的一项重要课题，也是孩子生理和心理成长中最重要的元素，更是确保孩子正常健康地成长和发育的关键。

女孩成长导图

0-7岁：女孩"发育商"最佳培养时期

成长目标
1. 在不同的年龄段达到不同"发育商"标准。
2. 父母要理解"发育商"并有意识地去引导培养。

开篇导读

据中国科学院心理研究所发布的《中国城市0-6岁儿童身心发展阶段性测评系统》报告称，我国儿童在运动、精细动作、认知、情绪和社会性发展上的综合分数——"发育商"在不断提高。

那么，什么是"发育商"呢？

所谓"发育商"（DQ），是指婴幼儿的心智发展水平指标，关键要素就是以上提到的运动、精细动作、认知、情绪和社会性发展等。

0-7岁的女孩，我们该如何培养她的"发育商"呢？

故事赏析

2010年，我去西北地区采访，到了一个比较贫困的村子，住在一个老乡家里。老乡有一个出生52周的女孩,非常乖巧可爱。

刚开始因为忙着到处收集素材,每天都是很晚才回到住处,对这个女孩并不了解。直到有一天工作进展顺利,所以晚上回来得相对早一些,就和老乡聊了一会儿天。老乡说:"我们家闺女都出生52周了,和邻居家的同龄女孩相比,发育似乎慢了很多。"

了解之后得知,原来别人家的女孩出生40周的时候都能扶着栏杆站立了,虽然不会说话,但能够理解大人的基本意思。而他们家的女儿都出生52周了,这些还都不会。老乡说着说着露出了担心的表情。

老乡说他们也带着孩子去医院检查过,检查结果是身体、智力等都没有问题,医生说每个孩子的体质不同,可能是发育迟缓的原因。

很多家庭也经常遇到这样的情况,和同龄人相比,自己家的女孩在发育方面似乎慢了半拍。其实,如果通过医疗检查手段没有发现任何问题的话,很有可能就是"发育商"偏低的问题。

如果女孩在发育过程中"发育商"偏低,会严重影响女孩心智的发展,特别是0至3岁,是女孩智力发展的最佳时期,也是学习的敏感期,帮助孩子提升"发育商",有利于女孩健康地成长。

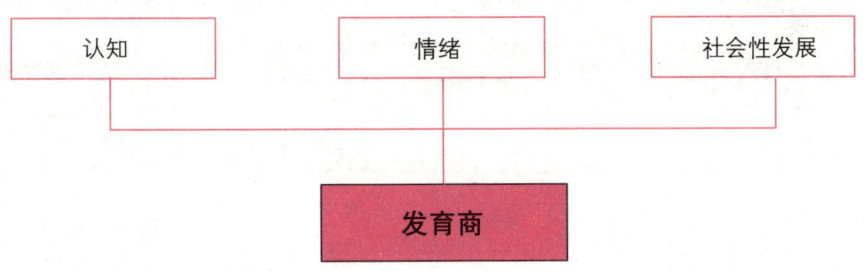

养育方法 >>

女孩在成长的过程中，有八个关键期，不同关键期女孩有不同的发育表现。

关键期一	第4周。在扶孩子坐起来后，孩子能够支撑头部，视线能够追随移动的物体，能够与父母进行眼神交流。
关键期二	第16周。会自己拿东西，靠着垫子能够坐十分钟左右。
关键期三	第28周。有吃手吃脚的动作，已经会爬，开始牙牙学语。
关键期四	第40周。可以捏住葡萄大小的东西，能够简单地理解父母的意思，会给别人递东西。
关键期五	第52周。一次能够说出六个字左右，能够站立走路，不过只能走几步，一只手可以抓住两个葡萄大小的东西。
关键期六	第18个月。模仿能力变强，会踢球、会翻书等。能够用词汇表达自己的意思，大小便可以自我控制。
关键期七	第24个月。能够双脚跳，同时也能够单脚站立，能够指认出自己的身体部位。
关键期八	第36个月。3岁的女孩"发育商"已经表现出了明显差异，比如因为基因、饮食等问题，有些个子高，有些个子低，这个时期父母最好带孩子进行一次专业的"发育商"测评。

精要分享

现代早教研究专家认为，0-3岁是孩子身心发育的关键时期，孩子75%的脑部形成和发展是在0-3岁完成的。父母是孩子的启蒙老师，也就是说，起初孩子的行为举止是对周围人的模仿。因此，家长应注重对孩子的引导。

"早期教育的研究成果表明，虽然孩子的基因无法改变，但优秀是可以选择的。"教育专家认为，只要对孩子进行系统的早期教育就可以使孩子超越平凡，将孩子的潜能最大限度地激发。

女孩成长导图

8-14岁：培养高挑女孩的四个后天因素

成长目标
1. 了解影响女孩长高的主要因素。
2. 拓展女孩在14岁左右时的成长空间。

 开篇导读

"你看那兰兰和我们家孩子一样大，兰兰个子多高，我们家孩子咋就长不高呢？"经常会听到一些父母对自己女儿的身高发出如此感叹，而且大多认为是基因遗传问题，因为父母个子不高，所以女儿才长不高。

其实，遗传基因固然重要，但除了遗传基因，还有四大因素影响着女孩后天的身高。

 故事赏析

我有一个发小，个子不高，身高只有1.6米，后来嫁到四川，老公个子也不是很高，身高1.68米。他们有一个女儿，13岁的时候，身高

1.3米，在同班同学中，个子是最矮的。

有时我们打电话聊天，她在电话中开玩笑似的说："真后悔当时没有找一个个子高一点的老公，你看我们家闺女的身高，真不知道以后还能不能长高！"

接着感叹："你说，我们女儿营养也可以，运动也不少，怎么就长不高呢！"

那时候，我对女孩生理健康成长正处于探索阶段，对女孩成长已有一定的了解。其实女孩在14岁左右只要培养得当，是完全可以再长高的。女孩的情绪会影响其后天发育，而这一点经常被很多父母忽视，如果这一点做不好，再加上基因遗传，后期想再长高就会变得很困难。

我将这一切告诉了发小，并嘱咐她要搞好家庭关系，建立一个愉悦和谐的家庭氛围，相信孩子一定能够长高的。

再后来，也不知道她有没有按照我说的去做，大概是在四年后，一次过年回老家，在村里见到了她，她和她老公带着闺女，很明显闺女要比父母都高，身高差不多有1.7米，俨然一个亭亭玉立的美丽姑娘。

在宝宝成长的过程中，身高体重是家长比较关心的问题，对此，我们可把握以下四个关键点。

养育方法

第一，运动。俗话说："生命在于运动。"其实，身高也在于运动，女孩在青春期多做一些伸展性的运动可以促进身体生长激素的分泌，这是非常有利于身高发育的。比如跳绳、游泳等运动都能够促进骨骼发育，利于长高。

第二，营养。青春期的女孩正处于长身体发育期间，均衡的营养以及钙的补充是非常重要的，这一点当下很多父母都明白，这里不再多说。

第三，充足的睡眠。一般来说，小朋友的身高发育基本是在睡梦中进行的，所以，对于青春期正处于身高发育的女孩来说，每天睡眠时间不能少于8个小时，并且要在晚上10点之前入睡。据相关资料显示，晚上10点至凌晨2点是生长激素分泌的高峰期。

第四，保持心情愉悦。前面讲过，情绪和心理对女孩身体发育影响较大，而很多父母都忽视了这一点。这需要父母尽可能地为孩子创造一个良好的家庭氛围，少发脾气少打骂。

精要分享

孩子进入青春期，意味着进入身高增长加速的时期。女孩"长个儿"多在青春期早期，年增长可达8厘米左右；到青春期后期，孩子经历身高突增后，生长发育减缓，年生长低于3.5厘米时，身高进一步增长的空间就很有限了。整个青春期，女孩平均增长20至25厘米，如果孩子已有青春期表现，但生长速度低于这个标准，需要及时查找原因并及时干预。

| 第一章　女孩生理成长导图 |

8-14岁：如何告诉女儿生理期知识

成长目标
1. 正确理解女性生理发展。
2. 了解月经基本知识。
3. 掌握经期禁忌。

开篇导读

这是一个生理问题，是敏感的话题，是一个让女孩难以启齿的话题，但也是一个不得不说的话题，因为这个话题是女孩无法逃避的，它就是——月经。

通常，女孩会在八岁之后生理发育渐渐出现较大变化，十一岁左右明显进入青春期早期，但八九岁进入青春期早期的情形也有可能出现。对于八至十四岁的女孩第一次来月经来说，作为母亲，我们需要在女孩来月经之前让其了解一些相关知识，以便于女孩正确应对，避免一些尴尬甚至危险出现。

故事赏析

很多年前，我一个女教师朋友，教小学五年级，她告诉我，有一

女孩成长导图

个女孩在上体育课时，因为羞涩不敢告诉老师自己来例假了，坚持和其他同学做一样的剧烈运动，最后因为疼痛当场晕倒。

她在给我讲这件事情的时候表现出了很大的担心，因为这是一个私秘的生理问题，很多女孩没有掌握相关知识，尤其是第一次来例假的时候，遇到特殊情况强行坚持会对身体造成很大的伤害。

她告诉我，有一次班级组织去军训，作为女人，为了避免一些女孩的不便，专门讲了一下关于女生月经要注意的问题，可是在讲的时候很多女生表现出很羞涩的样子。这让她很为难，讲也不是，不讲也不是。

随着社会的发展，关于女孩生理发育问题，学校教育方面应该已经有了系统的体系，但作为女孩最亲密的人，母亲传授生理知识更具优势，女孩也更容易理解。

第一章 女孩生理成长导图

养育方法 >>

第一,在女孩九岁之前,循序渐进地了解生理知识,告诉女孩,女性月经是周期性的子宫内膜脱落,是一件很正常的生理现象,不用感到羞耻,也不必有心理负担,正确应对即可。

第二,了解生理期禁忌事项。生理期间要注意保暖、不喝冷饮、尽量不要洗头、少熬夜、避免过度疲劳、情绪保持稳定等。这些基础知识最好由母亲来传授。

精要分享

记得一位专家学者曾说过这样一段话:

"我们可能不缺青春期教育,我们缺少的是性别平等的青春期教育。应该鼓励女孩喜欢自己的青春期,积极探索自己身体的变化;鼓励女孩注重自身力量的增长,而不是去学习如何取悦他人;应该关怀女孩,帮助她们认识到身体发育是美好的过程,并且是值得庆祝的一件大事。"

在教育水平节节攀升的今天,我们应当重视女孩青春期身体发育,为女孩的健康发育保驾护航。

附 0-7岁：对照女孩成长参数，培养健康女孩

0-7岁女童身高（长）标准值（cm）

年龄	月龄	−3SD	−2SD	−1SD	中位数	+1SD	+2SD	+3SD
出生	0	44.7	46.4	48.0	49.7	51.4	53.2	55.0
	1	47.9	49.8	51.7	53.7	55.7	57.8	59.9
	2	51.1	53.2	55.3	57.4	59.6	61.8	64.1
	3	54.2	56.3	58.4	60.6	62.8	65.1	67.5
	4	56.7	58.8	61.0	63.1	65.4	67.7	70.0
	5	58.6	60.8	62.9	65.2	67.4	69.8	72.1
	6	60.1	62.3	64.5	66.8	69.1	71.5	74.0
	7	61.3	63.6	65.9	68.2	70.6	73.1	75.6
	8	62.5	64.8	67.2	69.6	72.1	74.7	77.3
	9	63.7	66.1	68.5	71.0	73.6	76.2	78.9
	10	64.9	67.3	69.8	72.4	75.0	77.7	80.5
	11	66.1	68.6	71.1	73.7	76.4	79.2	82.0
1岁	12	67.2	69.7	72.3	75.0	77.7	80.5	83.4
	15	70.2	72.9	75.6	78.5	81.4	84.3	87.4
	18	72.8	75.6	78.5	81.5	84.6	87.7	91.0
	21	75.1	78.1	81.2	84.4	87.7	91.1	94.5
2岁	24	77.3	80.5	83.8	87.2	90.7	94.3	98.0
	27	79.3	82.7	86.2	89.8	93.5	97.3	101.2
	30	81.4	84.8	88.4	92.1	95.9	99.8	103.8
	33	83.4	86.9	90.5	94.3	98.1	102.0	106.1
3岁	36	85.4	88.9	92.5	96.3	100.1	104.1	108.1
	39	86.6	90.1	93.8	97.7	101.4	105.4	109.4
	42	88.4	91.9	95.6	99.4	103.3	107.2	111.3
	45	90.1	93.7	97.4	101.2	105.1	109.2	113.3

续表

年龄	月龄	-3SD	-2SD	-1SD	中位数	+1SD	+2SD	+3SD
4岁	48	91.7	95.4	99.2	103.1	107.0	111.1	115.3
	51	93.2	97.0	100.9	104.9	109.0	113.1	117.4
	54	94.8	98.7	102.7	106.7	110.9	115.2	119.5
	57	96.4	100.3	104.4	108.5	112.8	117.1	121.6
5岁	60	97.8	101.8	106.0	110.2	114.5	118.9	123.4
	63	99.3	103.4	107.6	111.9	116.2	120.7	125.3
	66	100.7	104.9	109.2	113.5	118.0	122.6	127.2
	69	102.0	106.3	110.7	115.2	119.7	124.4	129.1
6岁	72	103.2	107.6	112.0	116.6	121.2	126.0	130.8
	75	104.4	108.8	113.4	118.0	122.7	127.6	132.5
	78	105.5	110.1	114.7	119.4	124.3	129.2	134.2
	81	106.7	111.4	116.1	121.0	125.9	130.9	136.1

注：表中 3 岁前为身长，3 岁及 3 岁后为身高；sd 为标准差。

0-7岁女童体重标准值（kg）

年龄	月龄	-3SD	-2SD	-1SD	中位数	+1SD	+2SD	+3SD
出生	0	2.26	2.54	2.85	3.21	3.63	4.10	4.65
	1	2.98	3.33	3.74	4.20	4.74	5.35	6.05
	2	3.72	4.15	4.65	5.21	5.86	6.60	7.46
	3	4.40	4.90	5.47	6.13	6.87	7.73	8.71
	4	4.93	5.48	6.11	6.83	7.65	8.59	9.66
	5	5.33	5.92	6.59	7.36	8.23	9.23	10.38
	6	5.64	6.26	6.96	7.77	8.68	9.73	10.93
	7	5.90	6.55	7.28	8.11	9.06	10.15	11.40
	8	6.13	6.79	7.55	8.41	9.39	10.51	11.80
	9	6.34	7.03	7.81	8.69	9.70	10.86	12.18
	10	6.53	7.23	8.03	8.94	9.98	11.16	12.52
	11	6.71	7.43	8.25	9.18	10.24	11.46	12.85
1岁	12	6.87	7.61	8.45	9.40	10.48	11.73	13.15

续表

年龄	月龄	-3SD	-2SD	-1SD	中位数	+1SD	+2SD	+3SD
	15	7.34	8.12	9.01	10.02	11.18	12.50	14.02
	18	7.79	8.63	9.57	10.65	11.88	13.29	14.90
	21	8.26	9.15	10.15	11.30	12.61	14.12	15.85
2岁	24	8.70	9.64	10.70	11.92	13.31	14.92	16.77
	27	9.10	10.09	11.21	12.50	13.97	15.67	17.63
	30	9.48	10.52	11.70	13.05	14.60	16.39	18.47
	33	9.86	10.94	12.18	13.59	15.22	17.11	19.29
3岁	36	10.23	11.36	12.65	14.13	15.83	17.81	20.10
	39	10.60	11.77	13.11	14.65	16.43	18.50	20.90
	42	10.95	12.16	13.55	15.16	17.01	19.17	21.69
	45	11.29	12.55	14.00	15.67	17.60	19.85	22.49
4岁	48	11.62	12.93	14.44	16.17	18.19	20.54	23.30
	51	11.96	13.32	14.88	16.69	18.79	21.25	24.14
	54	12.30	13.71	15.33	17.22	19.42	22.00	25.04
	57	12.62	14.08	15.78	17.75	20.05	22.75	25.96
5岁	60	12.93	14.44	16.20	18.26	20.66	23.50	26.87
	63	13.23	14.80	16.64	18.78	21.30	24.28	27.84
	66	13.54	15.18	17.09	19.33	21.98	25.12	28.89
	69	13.84	15.54	17.53	19.88	22.65	25.96	29.95
6岁	72	14.11	15.87	17.94	20.37	23.27	26.74	30.94
	75	14.38	16.21	18.35	20.89	23.92	27.57	32.00
	78	14.66	16.55	18.78	21.44	24.61	28.46	33.14
	81	14.96	16.92	19.25	22.03	25.37	29.42	34.40

0-7岁女童头围标准值（cm）

年龄	月龄	-3SD	-2SD	-1SD	中位数	+1SD	+2SD	+3SD
出生	0	30.4	31.6	32.8	34.0	35.2	36.4	37.5
	1	32.6	33.8	35.0	36.2	37.4	38.6	39.9
	2	34.5	35.6	36.8	38.0	39.3	40.5	41.8
	3	36.0	37.1	38.3	39.5	40.8	42.1	43.4
	4	37.2	38.3	39.5	40.7	41.9	43.3	44.6
	5	38.1	39.2	40.4	41.6	42.9	44.3	45.7
	6	38.9	40.0	41.2	42.4	43.7	45.1	46.5
	7	39.5	40.7	41.8	43.1	44.4	45.7	47.2
	8	40.1	41.2	42.4	43.6	44.9	46.3	47.7
	9	40.5	41.7	42.9	44.1	45.4	46.8	48.2
	10	40.9	42.1	43.3	44.5	45.8	47.2	48.6
	11	41.3	42.4	43.6	44.9	46.2	47.5	49.0
1岁	12	41.5	42.7	43.9	45.1	46.5	47.8	49.3
	15	42.2	43.4	44.6	45.8	47.2	48.5	50.0
	18	42.8	43.9	45.1	46.4	47.7	49.1	50.5
	21	43.2	44.4	45.6	46.9	48.2	49.6	51.0
2岁	24	43.6	44.8	46.0	47.3	48.6	50.0	51.4
	27	44.0	45.2	46.4	47.7	49.0	50.3	51.7
	30	44.3	45.5	46.7	48.0	49.3	50.7	52.1
	33	44.6	45.8	47.0	48.3	49.6	50.9	52.3
3岁	36	44.8	46.0	47.3	48.5	49.8	51.2	52.6
	42	45.3	46.5	47.7	49.0	50.3	51.6	53.0
4岁	48	45.7	46.9	48.1	49.4	50.6	52.0	53.3
	54	46.0	47.2	48.4	49.7	51.0	52.3	53.7
5岁	60	46.3	47.5	48.7	50.0	51.3	52.6	53.9

续表

年龄	月龄	−3SD	−2SD	−1SD	中位数	+1SD	+2SD	+3SD
	66	46.6	47.8	49.0	50.3	51.5	52.8	54.2
6岁	72	46.8	48.0	49.2	50.5	51.8	53.1	54.4

45～110cm身长的体重标准值（女）

身长(cm)	体重（kg）						
	−3SD	−2SD	−1SD	中位数	+1SD	+2SD	+3SD
46	1.89	2.07	2.28	2.52	2.79	3.09	3.43
48	2.18	2.39	2.63	2.90	3.20	3.54	3.93
50	2.48	2.72	2.99	3.29	3.63	4.01	4.44
52	2.84	3.11	3.41	3.75	4.13	4.56	5.05
54	3.26	3.56	3.89	4.27	4.70	5.18	5.73
56	3.69	4.02	4.39	4.81	5.29	5.82	6.43
58	4.14	4.50	4.91	5.37	5.88	6.47	7.13
60	4.59	4.99	5.43	5.93	6.49	7.13	7.85
62	5.05	5.48	5.95	6.49	7.09	7.77	8.54
64	5.48	5.94	6.44	7.01	7.65	8.38	9.21
66	5.89	6.37	6.91	7.51	8.18	8.95	9.82
68	6.28	6.78	7.34	7.97	8.68	9.49	10.40
70	6.64	7.16	7.75	8.41	9.15	9.99	10.95
72	6.98	7.52	8.13	8.82	9.59	10.46	11.46
74	7.30	7.87	8.49	9.20	10.00	10.91	11.95
76	7.62	8.20	8.85	9.58	10.40	11.34	12.41
78	7.93	8.53	9.20	9.95	10.80	11.77	12.88
80	8.26	8.88	9.57	10.34	11.22	12.22	13.37
82	8.60	9.23	9.94	10.74	11.65	12.69	13.87
84	8.95	9.60	10.33	11.16	12.10	13.16	14.39
86	9.30	9.98	10.73	11.58	12.55	13.66	14.93
88	9.67	10.37	11.15	12.03	13.03	14.18	15.50

续表

身长 (cm)	体重（kg）						
	-3SD	-2SD	-1SD	中位数	+1SD	+2SD	+3SD
90	10.06	10.78	11.58	12.50	13.54	14.73	16.11
92	10.46	11.20	12.04	12.98	14.06	15.31	16.75
94	10.88	11.64	12.51	13.49	14.62	15.91	17.41
96	11.30	12.10	12.99	14.02	15.19	16.54	18.11
98	11.73	12.55	13.49	14.55	15.77	17.19	18.84
100	12.16	13.01	13.98	15.09	16.37	17.86	19.61
102	12.58	13.47	14.48	15.64	16.98	18.55	20.39
104	13.00	13.93	14.98	16.20	17.61	19.26	21.22
106	13.43	14.39	15.49	16.77	18.25	20.00	22.09
108	13.86	14.86	16.02	17.36	18.92	20.78	23.02
110	14.29	15.34	16.55	17.96	19.62	21.60	24.00

80～140cm身高的体重标准值（女）

身长 (cm)	体重（kg）						
	-3SD	-2SD	-1SD	中位数	+1SD	+2SD	+3SD
80	8.38	9.00	9.70	10.48	11.37	12.38	13.54
82	8.72	9.36	10.08	10.89	11.81	12.85	14.05
84	9.07	9.73	10.47	11.31	12.25	13.34	14.58
86	9.43	10.11	10.87	11.74	12.72	13.84	15.13
88	9.80	10.51	11.30	12.19	13.20	14.37	15.71
90	10.20	10.92	11.74	12.66	13.72	14.93	16.33
92	10.60	11.36	12.20	13.16	14.26	15.51	16.98
94	11.02	11.80	12.68	13.67	14.81	16.13	17.66
96	11.45	12.26	13.17	14.20	15.39	16.76	18.37
98	11.88	12.71	13.66	14.74	15.98	17.42	19.11
100	12.31	13.17	14.16	15.28	16.58	18.10	19.88
102	12.73	13.63	14.66	15.83	17.20	18.79	20.68

续表

身长(cm)	体重（kg）						
	−3SD	−2SD	−1SD	中位数	+1SD	+2SD	+3SD
104	13.15	14.09	15.16	16.39	17.83	19.51	21.52
106	13.58	14.56	15.68	16.97	18.48	20.27	22.41
108	14.01	15.03	16.20	17.56	19.16	21.06	23.36
110	14.45	15.51	16.74	18.18	19.87	21.90	24.37
112	14.90	16.01	17.31	18.82	20.62	22.79	25.45
114	15.36	16.53	17.89	19.50	21.41	23.74	26.63
116	15.84	17.07	18.50	20.20	22.25	24.76	27.91
118	16.33	17.62	19.13	20.94	23.13	25.84	29.29
120	16.85	18.20	19.79	21.71	24.05	26.99	30.78
122	17.39	18.80	20.49	22.52	25.03	28.21	32.39
124	17.94	19.43	21.20	23.36	26.06	29.52	34.14
126	18.51	20.07	21.94	24.24	27.13	30.90	36.04
128	19.09	20.72	22.70	25.15	28.26	32.39	38.12
130	19.69	21.40	23.49	26.10	29.47	33.99	40.43
132	20.31	22.11	24.33	27.11	30.75	35.72	42.99
134	20.96	22.86	25.21	28.19	32.12	37.60	45.81
136	21.65	23.65	26.14	29.33	33.59	39.61	48.88
138	22.38	24.50	27.14	30.55	35.14	41.74	52.13
140	23.15	25.39	28.19	31.83	36.77	43.93	55.44

以上数据来自卫生部妇幼保健与社区卫生司。

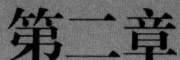

女孩心理成长导图

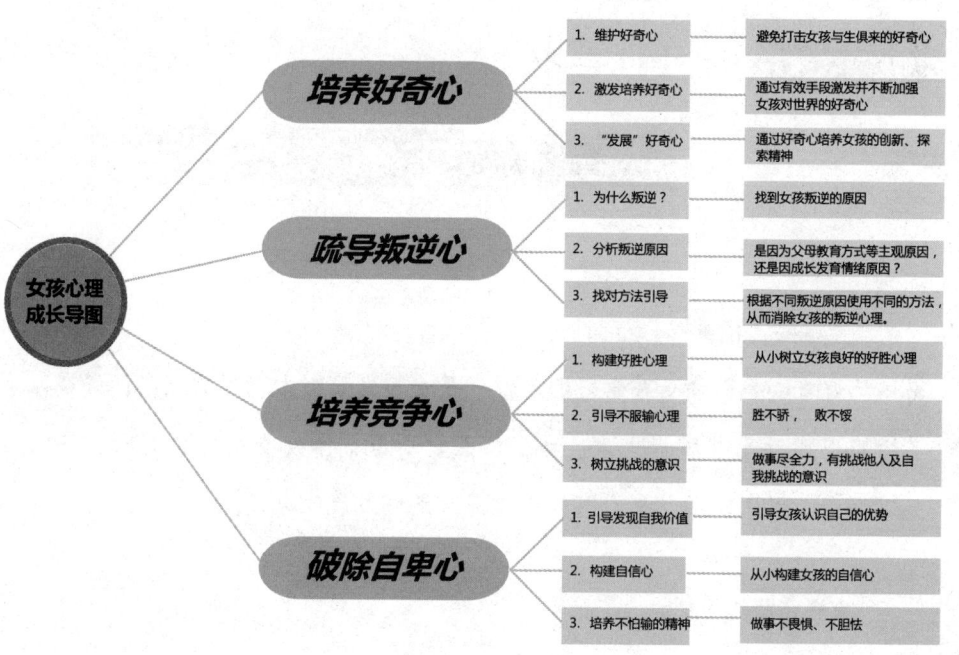

女孩成长导图

0-7岁：打开女孩好奇心的心理大门

成长目标

1. 激发女孩的好奇心理。

2. 正确引导女孩的好奇心。

开篇导读

好奇心是引领女孩学习的动力，是女孩发展探索世界的源泉；好奇心可以驱动女孩积极思索、勇于实践。所以，激发女孩的好奇心，让其好奇心健康发展，是女孩未来前进及良好发展的风帆。

故事赏析

我老家有一个外甥女，3岁，聪明伶俐，常年和爷爷奶奶住在农村，有一次我回老家参加一位同学的婚礼，同学的婚礼是在市里一家星级酒店举行。外甥女听说我要去城里，闹着要去，于是我便带她一起去了。

到达酒店，走进大门，两边摆了各式各样很漂亮的花，外甥女好奇地指着一朵花问我:"这是什么花?"

我对花虽然没有什么深入的研究,但大多都认识。我耐心地告诉她这是什么花。谁知外甥女来了劲头,指着不同的花不停地问我:"这是什么花?这是什么花?这是什么花?"

直到几乎把所有的花都问了一遍后,她若有所思地说:"舅妈,这些花这么好看这么香,我们回去的时候能不能也买一些放家里?这样我们的家就更香了!"

说实话,起初我对外甥女的"打破砂锅问到底"有点烦,但听到外甥女这样说,我明白了,外甥女并不是简单重复地问我问题,而是在好奇心的驱使下,通过我的解答,进行了一次抽象思维活动。

我知道,很多父母面对女儿的好奇心并没有多大的耐心,甚至在无意识中把女儿的好奇心给扼杀了。

有这样一个故事:妈妈告诉女儿,每天喝一杯牛奶可以让自己更健康更漂亮。女孩听了后将牛奶倒给了家里的宠物狗,妈妈看到后厉声呵斥道:"这是给你喝的,你怎么可以给狗喝呢?真是浪费!"

其实,小女孩只是想知道,小狗喝了牛奶之后会有什么效果。女儿的行为即是在好奇心驱动下的探索行为,而妈妈却没有意识到这一点。

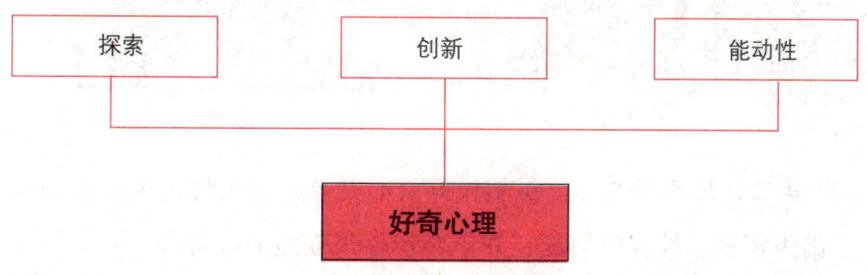

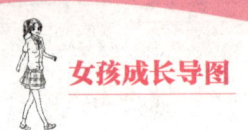

养育方法

好奇是孩子的天性,人类的发展就是从好奇心开始的,所以,作为家长,我们要注意观察并培养女儿的好奇心。

第一,识别好奇心。有些父母并不是不重视孩子的好奇心,而是不能够识别。女孩的好奇心主要表现在两个方面:一是提出一些看似荒唐可笑的问题。对于此类问题父母要重视,要有耐心、要认真地去解答。二是有一些不符合常理的行为。女孩的有些行为在我们家长看来似乎不符合常理,但如果是因为好奇心驱使她做的,那么我们就应该客观理智地去看待,而不是呵斥禁止。

第二,培养好奇心。虽然说好奇心是孩子的天性,可是有些孩子因为环境、教育等问题,并不会产生很强烈的好奇心,对此,父

母应积极地去培养,比如问孩子一些问题:"你知道鱼儿为什么能在水里游吗?""飞机为什么能够飞起来呢?"以此来激发孩子的好奇心。

第三,引导发展好奇心。我们要知道,孩子在好奇心的驱使下产生的行为并不都是积极的行为,有些甚至是危险的行为,比如孩子会想:既然鱼儿能在水里游泳,自己是不是也可以在水里游呢?这便是一个非常危险的想法。所以,父母一定要做好引导工作,在说明相关原理的同时,更要说明其可能隐藏的危险性,既不打击孩子的好奇心,又要防止孩子做一些危险行为。

> **精要分享**
>
> 2022年教育部印发的《幼儿园保育教育质量评估指南》中明确表示:充分尊重和保护幼儿的好奇心和探究兴趣,相信每一个幼儿都是积极主动、有能力的学习者,要最大限度地支持和满足幼儿通过直接感知、实际操作和亲身体验获取经验的需要。

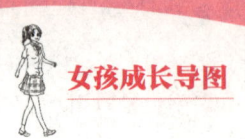

0-7岁：从小建立信任，构建良好的心理沟通渠道

成长目标
1. 女儿能够对父母畅所欲言；
2. 让女儿相信"有什么事情可以给爸爸妈妈说"。

开篇导读

女儿与父母之间有隔阂，沟通受到阻碍的主要原因是什么？

因为不信任，所以无法进行心与心的交流，如同我们成年人，你肯定不会对一个陌生人说你的心里话，因为你不了解、不信任他。从小与女儿建立信任关系，是构建女孩对父母的信任心理，保持彼此良好沟通的最好方法。

故事赏析

4岁的女儿兴高采烈地跑到妈妈面前说："妈妈，今天老师教我们如何写信了，我要给我的好朋友写一封信，老师说，信件不能让别人看，你可不要偷看哦！"

说完，女孩便跑进书房关上门开始写信了，爸爸和妈妈在厨房边做饭边饶有兴趣地开始讨论，"闺女长大了啊，都会写信了""不知道写的是什么？我还挺好奇""可千万别写一些别人看不懂的字，这样多丢人啊"……

父母你一言我一句地在厨房讨论，说着说着便决定偷看一下女儿写的信。

妈妈看到女儿写完信去上厕所了，便来到书房偷看女儿的信，而不巧的是女儿很快便回来了，看到妈妈在偷看自己的信，哇的一声便哭了起来……

妈妈微笑着解释说："我就看看有没有错别字，哭什么哭！"

而女儿依然哭声不止……

自此以后，女儿似乎处处有意防着父母，她在学校的事情也很少再向父母说起。

曾有一位成年女性在网上发帖说："我对父母的信任，随着每次我开口就被评价、每次说话就被骂，随着他们偷听我讲电话、偷看我日记，随着自己想摆脱父母的控制而慢慢消减，只因为，我越来越不相信父母是真心想听我说话，也不相信他们是真心想跟我'聊'。"

这段话充分体现了这位女性对父母的不信任，也道出了她不信任父母的原因。通常，女孩的心理要比男孩更加敏感细腻，父母一旦处理不当，就会失去女儿的信任，造成极大的沟通障碍。而信任一旦失去，要重新建立会变得很难。

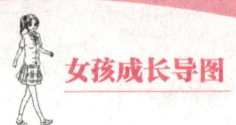

女孩成长导图

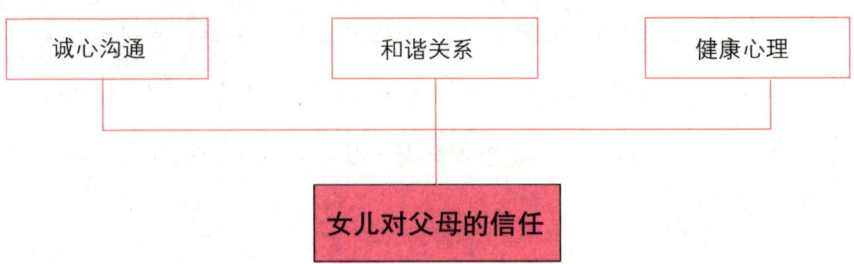

养育方法 >>

通过以上事例可以说明，从小培养女儿对父母的信任，获得女儿的信任感，至关重要，那么，我们该怎么做呢？

第一，父母要说到做到。 不要轻易对孩子承诺，承诺孩子的事要尽量办到，即使办不到，也要让孩子看到你为此努力过。不要让女儿看到或感觉到你只是随便说说。

第二，父母要换位思考。 女孩遇到问题向父母倾诉时，父母要换位思考，进行疏导，不可进行埋怨、责骂式的说教，这样女孩会逐渐

反感你所说的"有什么事情要告诉爸爸妈妈"!

第三,不侵犯孩子隐私。有些家长也许会说:"小孩子有什么隐私!"任何人都有隐私,只是不同年龄段有不同的隐私而已,所以,最好不要有偷看女儿信件、偷听女儿电话的行为。

第四,多陪伴。如果女儿对父母产生陌生感,父母就会失去女儿的信任。所以,多陪伴女儿,给女儿高质量的关注是建立信任的基础。当然,因为工作原因,很多父母无法陪伴在女儿身边,如果是这样,我们可以通过电话、视频的方式经常与女儿交流,以此来保持女儿对自己的信任。

> **精要分享**
>
> 女孩对父母是否有坚定的信任心理,对其今后的发展意义重大。尤其是对于一些单亲家庭,孩子在遇到困难和问题时,能够第一时间告诉父母,一方面,父母能够尽可能地帮助解决,帮助女孩健康成长;另一方面,还可以给予女孩坚强的精神动力。

女孩成长导图

8-14岁：叛逆的女孩也可以好好沟通

成长目标
1. 让女孩健康成长；
2. 能够与父母进行良好的沟通。

 开篇导读

　　一般来说，女孩子青春期从10岁左右开始，18岁左右结束。由于存在着个体差异，通常把9岁至18岁统称为青春期。8岁至14岁这个时期的女孩说大不大，说小不小，自认为很聪明，对很多事情都已经了解，觉得父母对自己的教导是"废话"，于是，很多事情与父母持相反意见，父母说了不听，即使听了也不当回事，那么，这个时期的女孩，我们该如何引导培养呢？

故事赏析

　　有个女孩叫李慧，正在读初三，非常叛逆，不听父母的话，老师更是管不了。上课睡觉、下课和同学吵架甚至打架，而且还学会了抽烟。面对这样的学生，班主任也没有办法，便把她母亲叫到学校，商量怎么解决。

母亲听了女儿的种种行为，非常气愤，在班主任办公室当着老师的面对女儿进行了严厉训斥。可是无论母亲怎么说，女儿都不以为然，只是一句话："我不想上学了！"

母亲说："好吧，你出去在门口等我，我跟老师交代一下我们就回家。"

5分钟后，母亲走出办公室，对李慧说："你可以不上学，但必须答应我两个条件。第一，你必须把手机给我，在家不能玩手机不能看电视；第二，回家后只能待在家里。以上两条在你18岁成年后作废。"

女儿说："可以，只要不上学怎样都可以！"

于是，母亲请了两个星期的假，和女儿一起在家待着，每天给女儿做饭。

第三天，女儿显得有些无聊，给母亲讲上学的事，但很快被母亲拒绝了，母亲说："既然你决定不上学了，就不要谈上学的事情，等你到了18岁，你就可以外出打工赚钱，自己养活自己了！"

一个星期后，女儿焦躁不安，在屋子走来走去，第十天后，女儿终于开口对母亲说："妈妈，我想去上学。"

妈妈说："可以，但你能不能上学要先听听班主任怎么说！"

女儿和母亲一起来到学校找到班主任，班主任说："孩子，你上学可以，但要看你的学习成绩，如果下次模拟考试，你能够考到班里前20名，你就可以继续上学，否则，你就会被劝退。"

女儿坚定地说："我一定能够考一个好成绩。"

女孩成长导图

20天后,女孩不负众望,考到了全班第十名。

面对女儿的叛逆,母亲和班主任进行了联合教育,而且效果很好。

其实,每个女孩在8至14岁期间都会或多或少地表现出叛逆,如果父母能够正确引导,叛逆行为很快会被扭转,否则,反而可能会加重女儿的叛逆行为。

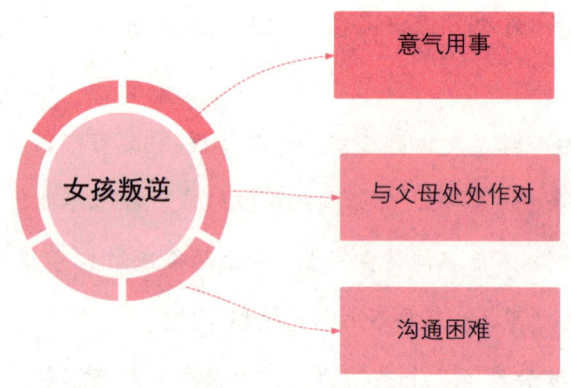

养育方法

青春期不等于叛逆期,但青春期是女孩叛逆得最明显的时期,对于女儿的叛逆,我们该如何引导呢?

第一,叛逆找原因。俗话说"解铃还须系铃人",解决问题要先找到原因。首先分析女儿叛逆的原因,而且父母要多从自身找原因,这样才有助于疏导女儿的叛逆行为。

第二,客观分析。在我们大人看来,女儿叛逆的方式无非就是拒绝,拒绝接受、拒绝服从等。为此,我们可以罗列出哪些是接受的、哪些是不可接受的。对于拒绝的，换一种方式沟通。总之，要多让女儿接受，避免拒绝，接受多了，叛逆的心结就会解开。

第三，"太极法"。避免和女儿争吵，尤其是父母觉得无法沟通、无法交流，非常生气时，更要保持理智，让自己安静下来，参考第二条，聊一些女儿能够接受的话题，女儿暂时不能接受的观念或建议先放一放，以鼓励和包容的心态来应对。

精要分享

父母是孩子的第一任老师，家庭是孩子成长的第一所学校。父母应以身作则，用自己的言传身教影响和培养孩子的美好品行和优秀人格，营造文明向上的家庭环境。家长要提高家庭教育的艺术和技巧，简单粗暴的直接干预容易导致孩子的叛逆心理，以身示范和柔性教育更容易被孩子接受。

女孩成长导图

8-14岁：跨越女孩的自卑心理阶段

成长目标
1. 认识自卑的危害。
2. 构建自信心。
3. 敢于面对自己的劣势。

开篇导读

自卑是女孩心理健康缺陷的主要表现，是女孩成功路上的绊脚石。女孩在心理发展过程中很容易产生自卑心理，那么，自卑心理对女孩成长会产生什么影响呢？

故事赏析

大约在三年前，我在一所中学讲公益课，教室里有一百多个学生，基本上都是一些初中生。

在讲课的过程中，其中一个女孩引起了我的注意，她扎一个马尾，圆圆的脸，给人一种很清秀的感觉。当然，引起我注意并不是她的形象，而是她的行为。当时现场很活跃，学生们有的在相互探讨，有的在向我问问题，只有她一个人坐在座位上，认真记着笔记，没有向我提问也没有和其他同学交流。

为了提升她的参与度，我叫她上讲台进行学习分享，而就在那一刻，她的脸瞬间红了，有点不好意思地站起来，用很微小的声音说："老师，我还没有准备好。"

后来，我看了她的课堂笔记，记得很全面也很认真，涵盖了那天我讲的所有知识。但她，却显得有些自卑。

再后来，我对这个女孩进行了家访。女孩父母告诉我，孩子在家里还是很活跃的，只是面对陌生人或者在学校的时候会变得比较腼腆，显得有些内向。

这是什么原因呢？

女孩父母告诉我，原来女孩在上小学的时候，因为一些琐事被同学嘲笑过，因此他们还和嘲笑者父母吵了一架，自此以后女孩就这样了。

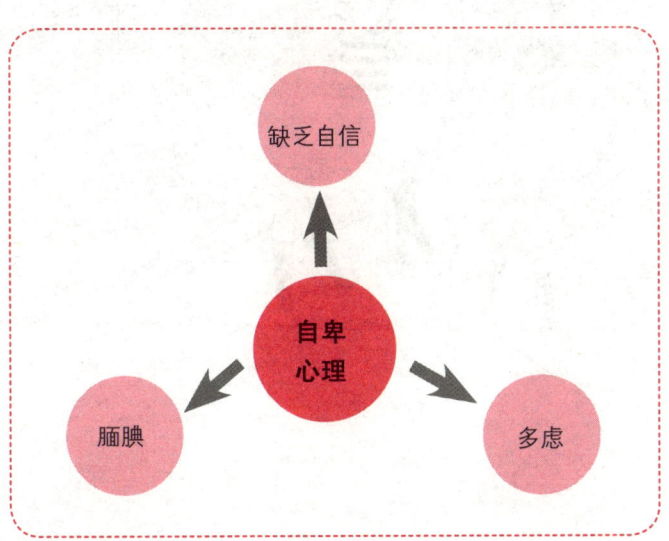

养育方法

每个孩子产生自卑心理都是有原因的,但每个孩子的自卑心理通过培养训练大多是可以消除的,如果你发现你的女儿有自卑心理,不妨通过以下方式进行引导。

第一,着装和言行培养。女孩的自卑通常可以从外在形象及言行看出,比如从说话吞吞吐吐、走路蹑手蹑脚等,大致可以看出女孩具有自卑心理。这时,我们可以引导孩子穿一些款式新颖的衣服,告诉她走路要昂首阔步、说话声音要洪亮等。

第二，激励暗示。激励的语言可以让女儿产生积极的态度，改变其自卑的心理。为此，家长可以多用"我们相信你，你可以的""你一定能做好"等语言，来激发孩子的自信，消除其自卑的心理。

第三，优势展现。每个人都有优势和不足，同样，每个女孩都有其擅长和不擅长的东西，女孩如果能扬长避短，并不断强化自己的优势，能够对自己充满自信，那么自卑心理自然会消除。所以，父母要善于发现女儿的优势，并积极引导培养，提供有利条件让其发挥。

> **精要分享**
>
> 严重的自卑感会造成严重的心理问题，对孩子的学习、生活都有很大的危害。要帮助他们摆脱自卑的阴影，父母首先必须改变自己对孩子的态度，重塑孩子的自信心，让孩子学会自我肯定。

女孩成长导图

附 0-7岁：正向引导女孩的争强好胜心理

望女成凤，是每个父母的愿望。为了让孩子有上进心，从小便开始培养孩子的好胜心理，这当然是好事，但是，很多事情都有两面性。女孩如果好胜心不强，积极进取的态度就不够，成功优秀的概率自然会降低；但如果好胜心过强，就会对输赢看得过重，对成败很在意，所有事情都想争第一，那么，活得就会比较累，不利于身心健康发展。那么，我们该如何正向引导女孩的好胜心理呢？

第一，合理把握培养女孩的好胜心。

女孩争强好胜的心理是一个情绪发展的过程，在一岁之前，孩子哭闹可能是饿了，被父母安抚就会笑；到一岁之后，能听懂语言，女孩的情绪就会增多，笑可能是因为自豪、骄傲等，哭可能是因为委屈、害怕等。因此，我们在培养孩子好胜心的时候要结合其年龄心理特征进行科学引导。

第二，游戏引导法。

我们可以通过与孩子一起玩游戏来激发孩子的好胜心，比如胜利者可以得到奖励，失败者要接受惩罚。需要注意的是切不可为了增强女孩的成就感，在玩游戏的时候次次都故意让女孩赢，孩子一旦形成每次都要赢的观念，那么，在面临失败时就会很痛苦，难以接受。

第三，不要过分要求女孩。

有一些父母，女孩只要有一次考试没考好，父母便责怪女儿，觉得女儿学习偷懒了，自己没面子，给孩子造成很大的心理压力，其实，每个孩子都是很想做好每件事情的，但并不是每件事情都能做到最好，因为有一句话叫"山外有山，人外有人"。所以，作为父母，不要过度要求女孩，首先让孩子正确认知做事的态度，然后调整心态，对好胜心有一个正确的理解。

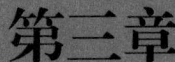

女孩气质培养导图

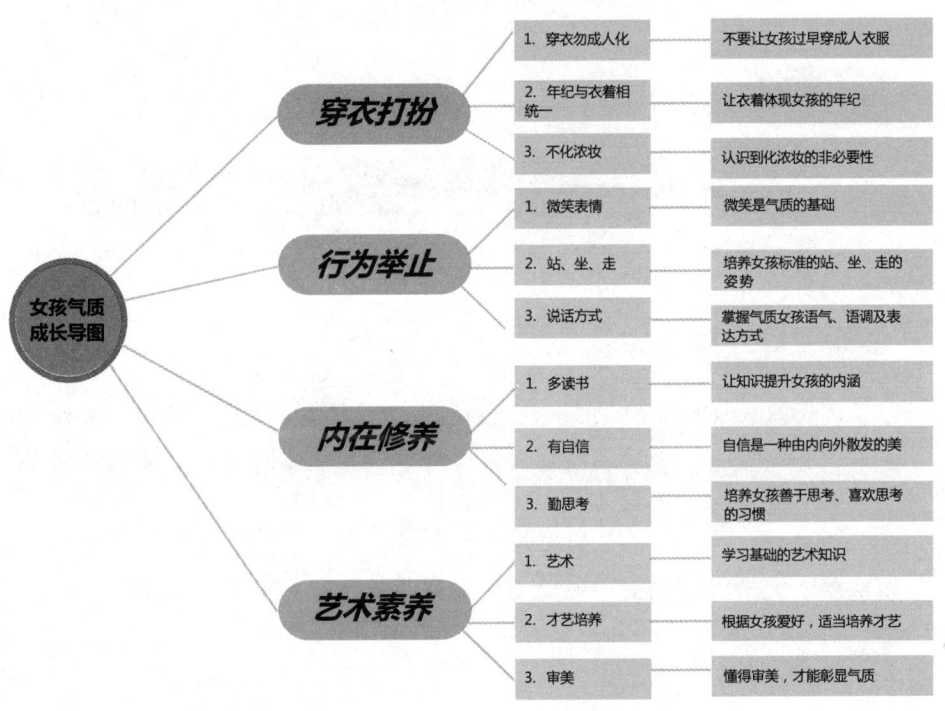

女孩气质成长导图	穿衣打扮	1. 穿衣勿成人化	不要让女孩过早穿成人衣服
		2. 年纪与衣着相统一	让衣着体现女孩的年纪
		3. 不化浓妆	认识到化浓妆的非必要性
	行为举止	1. 微笑表情	微笑是气质的基础
		2. 站、坐、走	培养女孩标准的站、坐、走的姿势
		3. 说话方式	掌握气质女孩语气、语调及表达方式
	内在修养	1. 多读书	让知识提升女孩的内涵
		2. 有自信	自信是一种由内向外散发的美
		3. 勤思考	培养女孩善于思考、喜欢思考的习惯
	艺术素养	1. 艺术	学习基础的艺术知识
		2. 才艺培养	根据女孩爱好，适当培养才艺
		3. 审美	懂得审美，才能彰显气质

穿衣切勿过早成人化

成长目标

1. 了解穿衣的品位与知识。

2. 不穿过于暴露的衣服。

开篇导读

　　漂亮的衣服的确可以为一个人的气质和身材加分，尤其是作为家有女儿的妈妈，把女儿打扮得漂漂亮亮，是一件非常有面子的事情。可是，很多母亲在打扮女儿的时候，只顾着时尚，总是按照自己的思维观念给女儿选衣，完全不顾女儿的实际年龄，让女孩养成了很不好的穿衣习惯。

故事赏析

　　前几天看到这样一个短视频，一对夫妻带着五六岁的女儿逛超市，女儿打扮得非常时髦，非常显眼。女儿牵着爸爸的手走在前面，拍摄者显然是妈妈。视频配文写着："女儿果然是爸爸的小棉袄，我把她打扮得这么漂亮，看父女俩多快乐。"

本是一个非常温馨的三口之家逛超市的画面，可很多网友的留言却是对这位妈妈的异议。

原来，这个小女孩的穿衣过于成人化，穿着很性感，似乎是把大人的衣服改小穿在了女孩身上。

很多网友留言：

"小小年纪这样穿衣服不合适吧！""这是小女孩该穿的衣服？""妈妈应该好好反思""害了女儿却不自知"等。

看完视频后，尽管小女孩长得很漂亮，但我从她身上看不到一丝童真。

其实，这种现象不是个例，有记者曾对童装店进行走访调查，发现有很多紧身、蕾丝豹纹、铆钉装、高跟鞋的儿童服装，据店家反映，这些小衣服很时尚，有很多家长购买。

对此现象，曾有心理专家表示："家长用成人化的童装打扮孩子，不利于其健康成长，可能会给孩子造成成人化的心理暗示，让他们不自觉地模仿大人，还会让孩子过于关注外表美。"

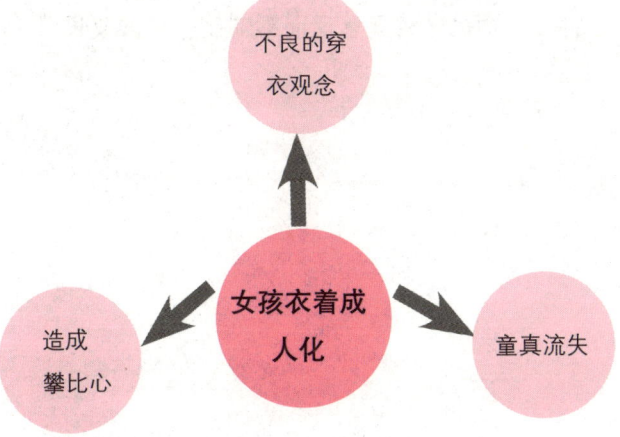

养育方法

女孩挑选衣服时,应本着美观大方、舒适健康的原则,不可一味地追求时尚。

第一,暴露服装不宜穿。尤其是在夏天来临后,不要因为时尚、凉快为女孩买一些暴露的衣服,这样会严重影响女孩的穿衣观念。

第二,不穿高跟鞋。孩子足骨发育成熟在15岁左右,过早地让孩子穿高跟鞋会严重影响孩子足骨的发育。

第三,不穿高弹力紧身裤。由于这类裤子与腿部、臀部、裆部紧紧贴合,且通常透气性较差,会影响女孩身体的正常发育。

精要分享

中国新闻网发表过一篇《潮妈让女儿"扮熟"专家:成人化着装恐对儿童不利》的文章,文章中引用了一些专业人士的观点,他们表示:"儿童尚在成长期,购买衣服的首要标准是干净、舒适。而一些成人化的童装因过度装饰,上面的各种元素反而影响孩子正常成长。"

少女不宜化浓妆，素颜美才是真的美

成长目标
1. 认识气质与化妆的关系。
2. 认识到化浓妆的非必要性。

开篇导读

青春期的女孩可以化浓妆吗？化浓妆是不是更具个性呢？对于未成年的女孩子来说，化浓妆就一定是美吗？化浓妆与个人气质有关系吗？

这些问题，家长和孩子的回答往往是相反的，今天，我们就带着这些问题来探讨一下未成年女孩化妆的那些事。

故事赏析

2019年某中学，开学的这一天，一位男班主任站在校门口迎接离家返校的学生，可是让他意想不到的是，有不少女孩似乎都变了模样，个个化着浓妆如同社会人。对此，这位男老师拿了一条毛巾，提了一桶水，站在校门口挨个给化浓妆的女孩子擦脸。

女孩成长导图

给一个学生擦完脸后,将毛巾放在水桶里洗一洗,然后接着给下一个学生擦脸,一边擦还一边告诫学生:"学生就要有学生的样子。"

被擦脸的女孩子们虽然有些不情愿,但最后都被这位男老师擦去了浓妆。

这件事情被拍成视频发布在网上之后,引起了大家的热议,有人觉得爱美之心人皆有之,女生化一点淡妆没有什么,老师的反应有些过了;有人支持男老师的做法,认为学生就应该有学生的样子,不应该化浓妆,应该以学习为重。

对于此事,有媒体发文表示支持该老师的做法。

我个人也是支持这位老师的做法的,抛开审美,抛开道德观念,我们单从教育部制定的《中学生日常行为规范》来说,其第二条就明确要求:"穿戴整洁,朴素大方,不烫发,不染发,不化妆,不佩戴首饰,男生不留长发;女生不穿高跟鞋。"显然,这些化浓妆的女生是违反相关规范的。

我们站在女孩气质的角度来分析,《山楂树之恋》中的静秋美吗?当然。那么,她的美是通过化妆展现出来的吗?当然不是,影视剧中的静秋为我们展现的是一种素颜美。所以说,气质不是依靠化妆展现出来的,而是来自内心和外在的言行举止。

养育方法

青春期女孩为什么不能化浓妆，首先，我们从健康的角度进行分析。青春期的女孩正处于身体发育阶段，新陈代谢很快，化浓妆会严重影响皮肤代谢，容易形成激素脸，影响脸部肌肉发育。所以，从健康的角度讲，女孩不适宜化浓妆。那么，作为父母，我们该如何引导教育呢？

第一，从健康的角度客观分析。告诉女孩化浓妆会影响身体健康发育，如果不小心使用了假冒伪劣的化妆品甚至还会导致皮肤问题。

第二，从个人气质的角度引导。一个女孩是否有气质取决于外在行为举止和内在知识涵养，与长相没有多大关系，提升气质不应该只从化妆方面着手。

第三，非必要，不化妆。当然，青春期女孩并不是任何时候都不能化妆，遇到一些特殊情况也是可以化妆的。比如随父母出席一些活动、参加演出等，可以根据实际需求化不同程度的妆，但不能过于成人化。

精要分享

学生主要精力是学习，而不是化妆，每天涂脂抹粉、穿衣打扮，也不利于集中精力学习。虽然说女孩爱漂亮，适当打扮，天经地义，无可厚非，但青春期的女孩，毕竟以读书学习为主，身为父母，必须让孩子明白这个道理。

气质女孩，总不会忘记微笑

成长目标
1. 理解微笑的意义。
2. 懂得恰当适时地微笑。

开篇导读

有一首歌叫《你笑起来真好看》，相信很多父母都听过。那么，为什么这首歌如此受欢迎呢？

除了朗朗上口的旋律和动听的女声外，我认为还有一个很重要的原因，那就是歌词，整首歌歌词所体现的是一种阳光、向上的态度，将微笑的魅力描写得淋漓尽致，这便是女孩的另一种气质，而且这种气质与长相、身材、财富无关。

故事赏析

在2022年5月，有一个叫铁嘉欣的7岁女孩突然在网络上爆红，原因是老师无意间拍了她一张微笑的照片，瞬间让千万网友感叹："太

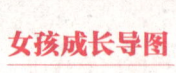

美了,太有气质了!"并被网友冠以"微笑女孩"的称号。

小女孩走红之后,很多人慕名前去采访,据拍摄者马老师说:"这个女孩特别爱笑,学习认真,也很有气质!"

据报道,女孩所在的地区是出了名的贫困县,铁嘉欣也是一个不折不扣的农村女孩,生活较为贫困。但这丝毫不影响女孩甜美的微笑,以及通过微笑所展现出的气质。这至少可以说明,气质与家庭经济条件无关。

有人说:微笑是一种气质,气质得益于修养;微笑是一种境界,境界得益于磨炼。

据我观察,很多女孩小时候喜欢微笑,但随着年龄的增长,微笑却慢慢变少了,骨子里自带的气质也在逐渐减少。这是为什么呢?主要原因就是年龄越大烦恼越多,这是一个人成长中必然要经历的过程,因为很多女孩不懂自我心理调节,特别是缺乏父母正确的引导培养,从而使女孩的微笑减少。

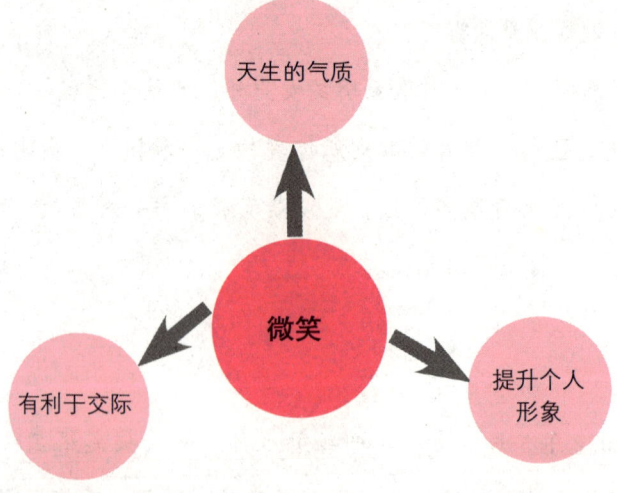

养育方法

微笑是一种骨子里自带的气质，如何保持女孩纯真的微笑以及适度的微笑呢？

第一，引导女儿"笑对人生"。很多时候，影响女孩微笑的主要因素有：困难、挫折、失败、沮丧等消极情绪，尤其是女孩的消极情绪长期没有明显改善的情况下，微笑可能会长久地失去。所以，我们要注意观察女儿的情绪，当一些消极因素影响到女儿阳光的一面时，父母要及时引导。

第二，笑话、幽默剧等图文视频引导。如果一个人能够长久地保持微笑，并能够养成一种习惯，那么，面对暂时的困难和失败，也能乐观面对。对此，在女孩感兴趣的情况下，多接触一些幽默剧、笑话等，培养女儿的幽默感。

第三，掌握恰当、适时的微笑。微笑是一种气质，并不是不分场合地微笑，以及不分类别地笑。不同的场合表现出适当的笑才能真正彰显女孩的气质。比如在人际交往中，微笑首先是出于尊重、礼仪而发出的，其次是真诚的。在别人犯错或出丑时，则尽量不要微笑，以免被认为是一种嘲讽的态度。

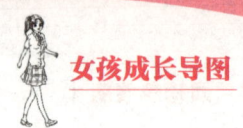 女孩成长导图

精要分享

记得曾读过这样两段文字,分享如下:

"当你失意时,微笑每一天,说不定转机就在前面等着你。当你失败时,微笑每一天,你就会发觉事情并不像你想象的那么糟。当你到达理想的彼岸时,微笑每一天,一切竟显得那么完美无瑕……"

"给他人一个微笑,并不意味着自己失去什么,但对需要者而言就是一种宝贵的精神财富。一个微笑改变不了一个人的处境,但若是众多微笑,那世界将变得绚烂旖旎。"

女孩的微笑就是女孩最靓丽的名片和气质,它不关乎长相,不关乎财富,不关乎地位。

站有站姿，坐有坐相

成长目标
1. 建立良好的个人形象。
2. 克服之前不良的行为举止。

开篇导读

在军训的时候，教官曾严厉地教导我们说："站要有站姿，坐要有坐相，含胸驼背像什么样子！"

教官说得一点也没错，我们都可以感受到，不管在任何时候，军人与其他人相比会更加有气质！他们站如松，坐如钟，走如风，自带强大的气场。同样，一个女孩的气质也是可以通过站姿、坐相来提升的。

说到坐姿，就不能不提我朋友的女儿小慧，她今年10岁，爸爸是做外贸的，妈妈是做销售的，平时爸爸妈妈都忙于工作，小慧属于被

"放养"的那种孩子。

有一次，我去找朋友办点事。走进门后，看见小慧斜趴在桌子上看书，看见我进来，小慧懒洋洋地抬起头和我打招呼。出于职业习惯，我对小慧说："你现在身体正处于发育阶段，看书一定要坐端正哦，我想你们老师肯定都教过你吧！"

小慧说："是的，老师给我们说过，可是那样坐着真的很累！"

这时朋友着急地说："不知道跟她说了多少次，没用，还是那样，真是没办法！"

如小慧所说，对于很多小朋友来说，腰板挺直地坐着的确要比随意自然地坐着累，那是因为之前没有养成良好的习惯，习惯了就会成为自然；另外，腰板挺直的坐姿是培养女孩身材气质的重要方式，如果一个人总是含胸驼背地坐着，那么，走路也会有些含胸驼背，不仅会影响女孩的形体美，外在气质分数也会被拉低。

如小慧父亲所说，很多家长其实也很在意女儿的坐姿，可是说了不听，没办法，管不了！关于这件事，我认为不能一句"管不了"就结束了，我们要想方设法地去影响，因为它关系着女孩的形象和气质。

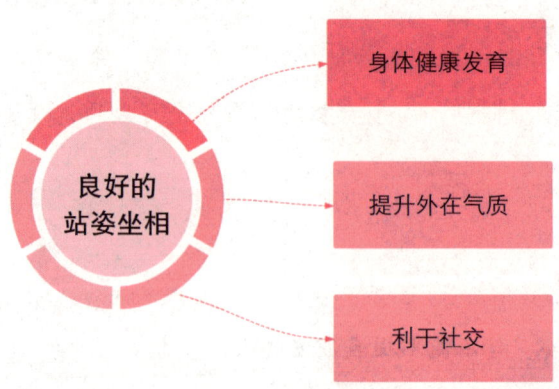

第三章　女孩气质培养导图

养育方法

第一，**站姿**。女孩在站立时，双脚要呈现出 V 字形，当然也可以随意一些，一只脚略微向前，前面的脚后跟可以稍微向后脚的脚背靠拢。从社交的角度来讲，站姿并没有严苛的具体参数可以量化，最重要的是不能太僵化，肌肉要放松，在美的基础上，可以变换姿态。但不可含胸驼背或者挺肚后仰，更不能东倒西歪地将身体靠在物体上。

抬头挺胸，一副自信的模样。

第二，**坐相**。关于坐相，我们可以看一下新闻主持人是如何坐的，是不是很有气质呢？

首先，腰背要挺直，这是正确坐姿的基础。身体重心向下，或者稍微向前倾。

其次，双膝并拢，双脚并齐，两手自然地放在腿上或者桌子上，这是基本坐姿。当然，除此之外，还有很多优美的坐姿，如双腿平行

斜放,两脚前后相掖或两脚呈小八字形等。

第三,走势。正确的走路姿势可以让女孩看起来更有活力,更意气风发,更具气质。走路时下巴应内收,上身挺直,两肩向后舒展,腹部内收。迈步时双臂略弯曲、自然摆动,膝盖伸直。这样的走路姿势会让女孩看起来英姿飒爽。

精要分享

叶圣陶先生说过:"教育就是习惯的培养。"帮助孩子形成正确的姿势,成为一种良好的习惯,能保证孩子身体健康成长,对孩子骨骼生长以及预防近视眼尤为关键。所以,作为父母,我们应积极培养女孩正确的站、坐、走姿以及写字姿势,以保障女孩身体健康发育。

附 8-14岁：从点滴做起，培养一个超凡脱俗的女孩

一个女孩的气质是从生活点滴中培养起来的，而不是通过化妆、手术塑形来改变。气质是由内向外散发，而不是一个肉眼可见的东西，它与长相关系不大，漂亮的女孩不一定有气质，长相普通的女孩不一定就没有气质。关于女孩的气质，我们可以从以下几个方面进行培养。

第一，饮食习惯。从饮食中我们可以获得营养，而营养关乎女孩的健康。首先，我们要让女孩养成不挑食的习惯，以此来保证人体营养的均衡。其次，要记得吃早餐，而且要吃好，比如早餐可以有一个水煮鸡蛋、一杯热牛奶、一份低热量的主食。再次还要多吃蔬菜，各类蔬菜富含维生素C、膳食纤维和果胶，能帮助排出体内多余的胆固醇、代谢废物，可起到一定的降脂效果。

第二，养成良好的作息习惯。很多人都有这样的经历，晚上工作到12点多，第二天起来，两个黑眼圈清晰可见，长此以往，皮肤变得粗糙暗沉。这都是作息不规律造成的。因此，女孩作息一定要规律。晚上10点之前睡觉，早上7点起床，每天至少保证8个小时的睡眠。

第三，多喝水。孩子上学时家长经常叮嘱的话就是"多喝水""今天一定把水壶里的水喝完哦！"有个女孩为了让父母以为自己把水喝完

了，在放学的路上故意将水杯里的水倒进马路边的下水道。其实，喝水对人体有极大的好处，尤其是对处于成长发育期的女孩，水能促进细胞新陈代谢，维持细胞的正常形态，保持皮肤的湿润和弹性。

　　第四，坚持运动。俗话说："生命在于运动。"运动可以让女孩身体更健康，有助于新陈代谢的高效运作，且能够保持良好的身材，提高身体免疫力。

　　第五，养护一口大白牙。有句歌词叫"你笑起来真好看"，这里的好看必须要有一口洁白的牙齿来作陪衬。所以，女孩每天要保持刷牙，且每次坚持刷牙3分钟左右。如果有必要，可以进行洗牙，来保持牙齿的洁白。

　　第六，养成良好的行为举止习惯。站、坐、走姿要有模有样，懂基本的交际礼仪，衣着、言行要规范。

第四章

女孩习惯成长导图

- **女孩习惯成长导图**
  - **生活习惯**
    - 良好的作息 — 按时睡觉，按时起床，不熬夜
    - 卫生习惯 — 勤洗澡，饭前便后洗手，早晚刷牙等
    - 饮食习惯 — 不挑食、不偏食
  - **学习习惯**
    - 阅读习惯 — 每天坚持阅读
    - 思考习惯 — 善于思考，保持好奇心
    - 自省习惯 — 总结分析，取长补短
  - **文明习惯**
    - 礼貌用语习惯 — 学会使用"您好""对不起""谢谢"等礼貌用语
    - 礼貌行为习惯 — 举止文明，懂得倾听，礼貌问答等
    - 遵守规则的习惯 — 遵守交通规则、学生守则等
  - **品德习惯**
    - 勤俭节约的习惯 — 节约用水用电，不乱花钱，爱护公共设施等
    - 尊敬长辈的习惯 — 孝敬体谅父母，关心理解长辈
    - 团结友爱的习惯 — 具有互相帮助的意识和协同合作的能力

女孩成长导图

讲卫生，是女孩必备的习惯

成长目标
1. 明白卫生与健康的关系。
2. 理解讲卫生的重要性。
3. 养成良好的卫生习惯。

开篇导读

　　卫生习惯是一个人一生中最为重要的一个习惯，因为它关系着健康、身体状态。卫生习惯要从小培养，且越早越好。因为好的卫生习惯有助于人体免疫力的提升，能够避免一些疾病的滋生，尤其是女孩子，更关系着她未来的生活品质和素养。

故事赏析

　　我朋友小张家的女孩3岁，特别不喜欢洗澡，说是怕水进到眼睛里，每次小张让她洗澡，都要费九牛二虎之力。

　　有一次，女儿为了洗澡又和妈妈斗智斗勇。爸爸看到此情况后对女儿说："人体有很多小虫子，它们经常会干坏事，比如当我们的头发有点痒时,那是因为它们在我们的头发里滋生某种头皮菌而作怪呢,所以才会又臭又痒。"

听了爸爸的话,女儿立马说:"妈妈我要洗澡,把那些虫子都洗掉。"

后来有一次,女儿感冒流鼻涕,妈妈帮忙擦,可是女儿怕疼总是躲开,想起爸爸上次使用的方法,妈妈说:"你忘了爸爸上次给你说的话了?你流鼻涕是因为有很多鼻涕虫在吃鼻涕,只要我们把鼻涕擦干净,那些鼻涕虫就会跑掉。"

听妈妈这样说,女儿乖乖地走到妈妈身边擦掉了鼻涕。

这是一个引导孩子讲卫生的故事,因为有趣,因为孩子能够听懂,所以非常有效。对此,父母在培养孩子讲卫生习惯的过程中,可以根据孩子的年龄采用一些孩子能够理解且接受的方式进行引导。

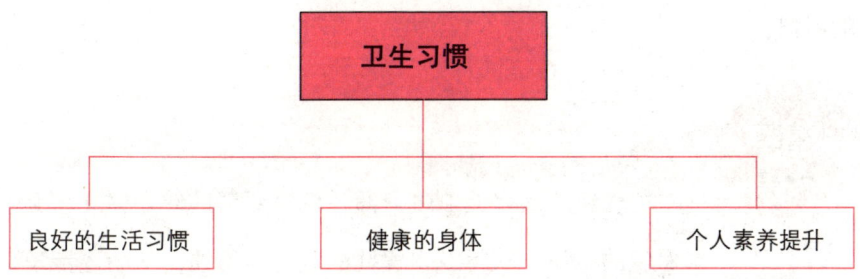

养育方法

培养女孩良好的卫生习惯要从小抓起,具体可先从以下几个方面入手:

第一,洗手和洗脸。 小孩子比较顽皮,在玩耍的过程中细菌会吸附在孩子的脸上和手上,因此,要养成勤洗手洗脸的习惯,尤其是每次玩耍回来时要洗脸洗手,饭前便后要洗手,

这样既能让女孩子干干净净，招人喜爱，又能最大程度地保护孩子的健康，免受病毒的侵扰。

第二，刷牙和漱口。每天保持早晚各刷一次牙的习惯，父母要教会孩子刷牙的方法，因为不正确的刷牙并不能有效保护牙齿。

第三，洗澡和洗脚。事实上，大多数孩子还是比较喜欢洗澡的，因为洗澡可以玩水。但我们让孩子洗澡的目的是清除身上的污垢，所以，要教会孩子洗澡的方法。此外，要养成睡觉前洗脚的习惯，尤其是夏季，小孩比较好动，身上、脚上容易出汗，非常有必要每天睡觉前洗澡和洗脚。

第四，勤剪指甲。指甲长长后容易藏污纳垢，滋生细菌，尤其是很多小朋友喜欢咬手指头，这种行为会影响孩子的身体健康；此外，长指甲在小朋友玩耍的过程中还容易抓伤别人。所以，要养成勤剪指甲的习惯。

精要分享

培养幼儿良好的卫生习惯，就是要帮助幼儿树立起卫生保健的意识，获得卫生保健的能力与习惯，从小逐步学习健康生活方式，这既是一种生活教育，也是一种公民素质的教育，这对幼儿的生长发育、健康成长乃至全社会的健康都具有重要而深远的意义。

阅读习惯是女孩最好的化妆品

成长目标
1. 让孩子明白为什么要阅读。
2. 让孩子了解阅读带来的益处。
3. 培养孩子的阅读习惯。

开篇导读

阅读可以提高一个人的认知，开阔一个人的眼界，提升一个人的素养。总之，很多时候我们需要的信息都是通过阅读来获取的。

对于女孩来说，养成良好的阅读习惯，可以让她变得文静、知书达理、更具魅力。

故事赏析

乐乐3岁开始上幼儿园，到大班的时候已经认识了很多字，每次妈妈接她放学，乐乐都会指着广告牌或者车体广告上的字大声读，读完还会骄傲地问妈妈："妈妈你说我读得对不对？"

看到乐乐一天天地长大，已经识了不少字，妈妈很是欣慰。

女孩成长导图

一天晚上睡觉前,爸爸给乐乐讲故事,讲完故事后乐乐好奇地问:"爸爸,你怎么会知道这么多故事呢?"

爸爸说:"我从书里看到的呀!"

乐乐说:"我也要看书读故事,你下次给我买一些故事书好不好?"

爸爸想:"你连字都认不全,能看懂吗?"妈妈接话说:"对了,你还别说,乐乐现在能认识好多字了呢!"

第二天,爸爸便带着乐乐去了图书馆。到了儿童读物区,乐乐拿起一本儿童绘本津津有味地看了起来……

从图书馆出来回到家后,乐乐饶有兴趣地给妈妈讲了今天读到的故事,妈妈听完后和乐乐一起分析故事包含的意义。

之后,爸爸每个周末都会带乐乐去图书馆,平时也会给她买一些儿童读物,每天晚上让她在家里读书。

就这样过了一年多,乐乐上小学后,识字量要比同龄孩子多很多,通过阅读也明白了很多道理,老师经常给乐乐的妈妈发信息说:"乐乐是一个非常聪明懂事的女孩。"

那么,乐乐为什么喜欢阅读呢?

因为故事的引导,因为觉得自己认识很多字而兴奋。所以,她更加喜欢阅读。

在老师眼中乐乐为什么要比同龄人优秀懂事呢?

因为通过阅读,妈妈与乐乐进行了分析,这样,一方面让乐乐快速提升了识字量;另一方面,也让乐乐明白了很多道理。

这便是阅读习惯的魅力。

| 第四章　女孩习惯成长导图 |

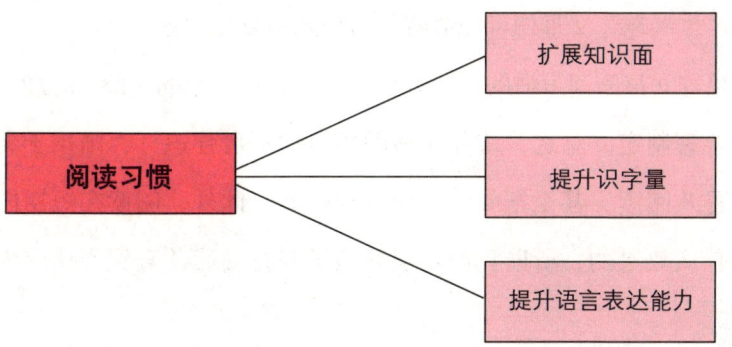

养育方法

女孩语言的发展敏感期通常在2岁左右；学习写字的敏感期通常在4岁左右。而我们今天要讲的阅读习惯培养，通常在5岁左右。

在敏感期内，不管是培养其习惯还是能力，相对于其他时期来说，都会更容易一些。所以，如果女孩能够在6岁之前养成阅读习惯，那么，对她在其他方面的发展乃至一生都会产生积极的影响。

那么，我们该如何培养女孩的阅读习惯呢？

第一，抓住关键期。孩子在5岁左右是阅读习惯培养的关键期，父母要抓住这个年龄段，通过孩子感兴趣的事物引导其去阅读，让孩子养成阅读习惯。

第二，大人以身作则。环境可以影响一个人的行为，要让女儿喜欢阅读，首先大人要创造出一个良好的阅读环境。所以，家长最好能够放下手机，拿起书本，与女儿一起阅读。

第三，多逛图书馆。图书馆是最有阅读氛围的地方，在那里，因为看到所有人都在读书，我们也会自然而然地拿起书来读，孩子也会如此。

第四，在孩子小的时候，每天给她讲故事。故事听得多了，孩子

便会产生兴趣，父母便可顺势将其引导到阅读当中去。

　　培养女孩阅读习惯的方法有很多，可根据孩子的年龄、兴趣爱好等方面合理制定。总之，培养女孩阅读习惯不可强迫，否则孩子会越来越不喜欢阅读，甚至把阅读当成一种任务。此外，阅读在短期内是看不出什么效果的，所以我们要引导孩子坚持阅读，直到阅读成为一种习惯。

精要分享

　　激发学生阅读兴趣，培养学生阅读习惯，增强学生阅读能力，让学生亲历阅读过程，是提高学生语文素养的有效途径，是着眼长远，让学生终身受益的长效策略。

良好的饮食习惯是女孩美的资本

成长目标
1. 不挑食。
2. 不吃或很少吃"垃圾食品"。
3. 注意饮食卫生。

开篇导读

对于成长期的女孩来说,良好的饮食习惯是身体健康发育成长的根本,更是未来自身发展的基础。所以,培养女孩良好的饮食习惯是一个必要且基础的工作。

故事赏析

我曾见过这样一个8岁的女孩,父母爱女如命,女儿提出的要求,只要能办到,都会满足。尤其在饮食方面,更是无条件满足。

父母认为,女孩子正在长身体的时候,就应该吃好的喝好的。小的时候女儿爱吃糖,妈妈每次去超市都会买一些高档的糖果,睡到半夜女儿说饿了,妈妈就会起床给女儿做饭,吃完饭接着睡。每次做饭

之前,都会询问女儿的意见,女儿想吃啥,父母就会做啥。假如偶尔做好了没有征询女儿意见的饭菜,父母会说:"爱吃啥吃啥,不爱吃的就放在碗里吧!"

如今,女儿的牙已经有很多变黑,体重达到了80斤……

显然,之所以女儿的牙齿会变黑,是糖吃多了的缘故;之所以8岁体重就达到了80斤,是因为挑食、饮食不合理。

现实生活中有的孩子骨瘦如柴,有的孩子肥胖变形,都是营养不良或者营养过剩造成的。

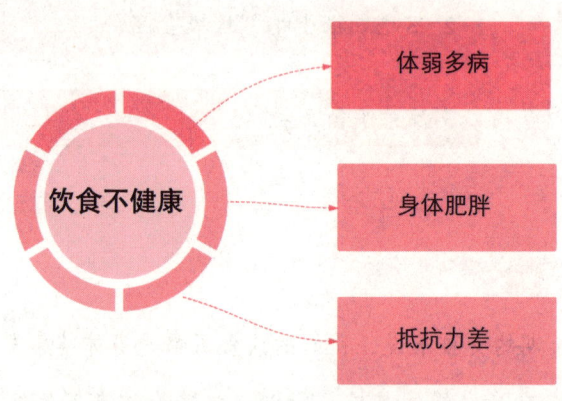

养育方法 >>

第一,饮食营养均衡。人体所需要的营养分别有:蛋白质、脂类、碳水化合物、维生素、矿物质和水,而这些营养素需要从不同的食物中获取。所以,女孩在长身体阶段,父母首先要保证孩子通过饮食摄入的营养达到均衡。

第二,饮食要规律。规律的饮食主要是指用餐时间和用餐量。一般来说,早上用餐时间最好是在八点之前;中午用餐时间最好是在十一点半到十二点半之间;晚上用餐时间最好是在六点半到七点半之间。在用餐量方面,可根据女儿的年龄而定。俗话说:"若要小儿安,须受三分饥与寒。"如果一个 6 岁的女孩饭量和大人一样，这显然是不正常的。

第三，良好的饮食习惯。挑食、偏食、喜欢吃"垃圾食品"、暴饮暴食等现象相信在很多女孩身上都有，父母要尽量遏制类似的饮食行为，要"狠心"去除这样的饮食习惯。因为这些饮食行为会严重影响女孩的身体发育。

第四，注意饮食卫生。俗话说："病从口入。"很多病就是由不注意饮食卫生造成的。父母要告诉女孩，吃水果之前要洗干净，不吃隔夜熟食，饭前要洗手，没有卫生保障的路边摊坚决不吃等。

精要分享

中华饮食文化博大精深、源远流长。家长对孩子的关爱，大多通过吃和穿来体现。一个人饮食习惯的养成，主要源自家庭。随着经济快速发展，我国居民过去的饮食经验和习惯，正在遇到新的问题和挑战。尤其是青少年一代，面对越来越多的新型食品，以及祖辈父辈不恰当的养育方式，容易形成不良饮食习惯，严重的甚至会影响孩子的身心健康。因此，应当引起家长注意。

女孩成长导图

早睡早起，培养良好的作息习惯

成长目标
1. 不晚睡，不赖床。
2. 养成早睡早起的习惯。

 **开篇导读**

女孩在成长发育阶段，养成良好的生活习惯，尤其是规律的作息，对女孩的身体健康有很大的好处，不仅有利于女孩大脑发育，还能使女孩每天的精力更加充沛。

故事赏析

西西今年6岁了，父母是做"电商"的，主要工作是在家通过电脑或者手机与客户沟通，将产品卖出去。由于最近在做活动，有时候晚上十一二点还在工作，就算躺在床上准备休息，也要拿着手机与客户沟通。

为了不让西西打扰他们的工作，妈妈给西西买了一个平板电脑，然后下载了一些动画片让其观看，然后等他们忙完工作后和西西一起睡。大多数时间，西西都是跟着妈妈晚上十二点左右才睡觉。

这种情况下，如果西西第二天不上学还好，如果上学，父母早上七点喊西西起床是一件非常困难的事情。

有一次晚上十二点半父母才忙完工作，西西也跟着熬到十二点多。第二天上幼儿园的时候，班主任发微信对妈妈说："孩子最近总是无精打采的样子，上课的时候有时还会睡着，请您多多关注孩子的健康。"

关于老师反映的情况，妈妈也知道原因，可是，每次妈妈让西西先睡的时候，女儿总是要求和父母一起睡，但是他们的工作性质不允许他们早睡，所以，只能让孩子跟着自己熬夜了……

我们都知道晚睡晚起对身体不好，尤其对于女孩来说，不规律的作息还会影响其身高、皮肤的光泽度等。

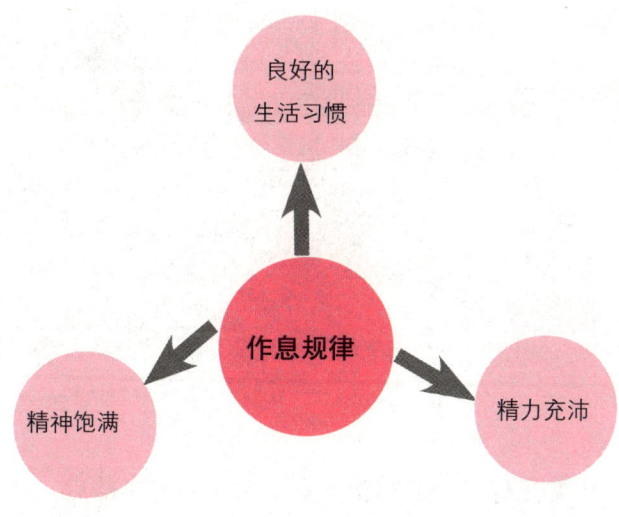

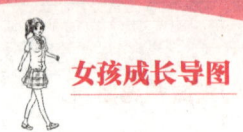

养育方法 >>

第一，制定作息时间表。根据孩子的年龄及上学时间，制定合适的作息时间表。通常，可以这样制定：早上7点起床，中午12点40分午休1个小时左右，晚上9点入睡。

第二，培养孩子抗干扰能力。有些女孩睡觉很浅，稍微有点动静就会醒来，这会严重影响孩子的睡眠质量。对此，我们可以在不吵醒孩子睡觉的前提下，刻意地制造一些噪音，培养孩子抗干扰的能力。

第三，让女儿尽早独自睡觉。女孩到达一定年龄后，最好能够让女孩独自入睡，这样可提升女孩的自理能力。

第四,睡前不喝太多的水。为防止尿床或者频繁起夜,睡前尽量不进食、少喝水。

> **精要分享**
>
> 　　一位教育专家曾发文称:"在睡眠时间方面,应确保小学生睡足 10 小时,初中生睡足 9 小时,高中生睡足 8 小时,帮助孩子养成良好的作息习惯。"
>
> 　　良好的作息习惯包含多个方面,每个方面都会直接或间接地影响孩子的健康,父母一定要加倍重视。

女孩成长导图

守时习惯是女孩迈向成功的根本

成长目标
1. 树立时间观念。
2. 培养良好的守时习惯。

开篇导读

　　守时是一个人的修养,也是对别人的尊重,同时也体现了一个人做事的态度。鲁迅先生曾说:"浪费别人的时间如同谋财害命。"显然,守时对一个人来说是非常重要的事情。所以,培养女孩良好的时间观念和守时习惯,必定能够让她终身受益。

故事赏析

　　7岁的贝贝已经上一年级了,可是她有一些很不好的习惯:晚上总是抱着手机看动画片,妈妈催促好几次才会不情愿地去睡觉;第二天上学总是赖床,妈妈喊她好多遍才懒洋洋地从床上爬起来,然后洗漱完毕,妈妈背着书包站在饭桌前看着她慢腾腾地吃饭……

可能是因为妈妈溺爱或者性格的原因,即使看不惯,也没有严厉批评。

直到有一天,爸爸实在忍无可忍,便亲自制定了一份作息时间表。早上7点起床,7点半吃早饭,7点50分出发上学。晚上9点半之前必须做完当天所有的事,然后上床睡觉。

有一次早上,贝贝又起晚了,到了7点50分,贝贝还在吃饭。爸爸说:"已经7点50分了,我们现在必须出发,否则就会迟到。"

贝贝有些委屈地说:"可是我还没有吃饱饭呢!"

爸爸说:"如果想吃饱饭去上学,就要遵守我们制定的作息时间表,按时起床,否则你明天依然吃不饱饭。"

说着,便拉着贝贝出了门去上学。

从此之后,除了周末,贝贝便很少赖床,时间观念增强了,也更加守时了。

经常听一些父母讲,女孩子真的很难教育,懒散,没有时间观念。其实,女孩子没有时间观念的主要原因是我们没有正确地去培养引导,或者忽视了这一点,导致时间观念弱,不能够科学地管理自己的时间。

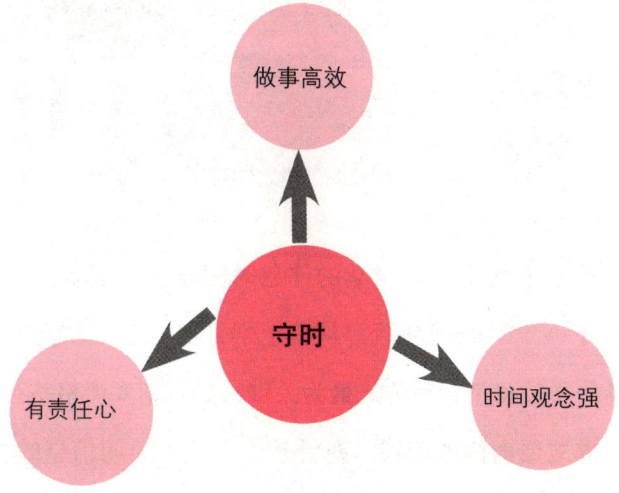

养育方法

那么,我们该如何培养女孩的时间观念,让女孩具备守时的习惯呢?

第一,导入时间观念。在女孩很小的时候,我们要逐渐进行时间观念的导入,比如女孩在3岁左右的时候,告诉她一个星期有几天,一天有多少个小时,我们要在什么时间段工作,什么时间段吃饭、睡觉等。首先让女孩对时间有一个初步的了解。

第二,给孩子制定一份科学的作息时间表。如同案例中父亲的做法,女孩有了一定时间观念后,从其上学开始,制定作息时间表,随着女儿年龄的增长要不断完善。最为关键的是一定要严格执行落实。

第三,养成看时间的习惯。时钟是人类获得时间信息的主要方式,在当下，我们还可以通过很多渠道来获得时间信息，让女孩从小就养成掌握时间、看时间的习惯，能够强化孩子的时间观念。

第四，说故事讲道理。通过讲故事或者其他形式，告诉女孩不管是在工作中还是生活中，一定要守时，这是对他人及自己的承诺，也是得到他人尊重的方式之一。

第五，培养孩子灵活管理时间的能力。告诉女孩，不管做任何事情都要给自己留够充分的时间，以便应对工作中的一些突发事件；同时要懂得规划时间，在规定时间内完成自己该做的事情。

> **精要分享**
>
> 博恩·崔西在其著作《吃掉那只青蛙》里写过这样一句话：你对待时间的态度，即时间观念，对你的行为和选择有着重大的影响。与目光短浅的人相比，那些对自己的生活和事业有长远规划的人，在时间安排和行动上往往更加明智。

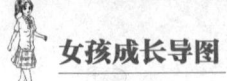

附 8-14岁：礼貌是一种美，更是一种习惯

我国自古以来便是礼仪之邦，讲文明、讲礼貌是我们中华民族的传统美德，更是每个女孩将来能够快速融入社会的基本要求。女孩在小的时候，可能她不知道什么是礼貌，当女孩在8岁至14岁时，她们对礼貌已经有较为深入的认知，这个时候更容易培养其礼貌的习惯。

第一，个人仪表。整洁干净的衣服、每天坚持洗脸刷牙、不文身、不化浓妆、不矫揉造作，这是青春期女孩展现礼仪的基础。

第二，礼貌用语。礼貌用语要从小培养，对成人男性称呼叔叔、伯伯、爷爷等；对成人女性称呼阿姨、奶奶等。见到老师要主动打招呼；和朋友分离时说"再见"；做错事时说"对不起"，接受别人的道歉时说"没关系""不要紧"等。

第三，做客礼仪。去朋友家做客，也有一些非常重要的礼仪，如下：

1. 进门换鞋。是否需要换鞋，可先询问主人家，如果主人表示不用换鞋，那么进门就不用换鞋。

2. 主动问好。

3. 大人在讲话时不打断。

4. 不随便动他人东西。比如主人家有一个很漂亮的玩具，女儿想玩。这时可以让女儿自己去询问主人的意见。

5. 离开时向主人告别。

6. 出门随手关门。

第四，礼貌培养要自然。礼貌习惯是一种真诚的表现，如果有人向你道歉说"对不起"，而这个"对不起"如果有一点被强迫的感觉，你会接受吗？

我认为你可能不会。所以，在培养女儿礼貌习惯的时候万不可强迫，否则即使女孩懂得使用礼貌交际，但如果不够真诚，效果反而不好。关于这一点，希望父母能够给孩子做一个榜样，潜移默化地去影响孩子，让孩子主动养成礼貌待人的习惯。

第五章

女孩性格成长导图

女孩性格成长导图

- **自信**
  - 相信自己 — 能够正视自己，遇事客观认知，有信心，不自卑
  - 勇敢 — 面对困难不畏惧、不退缩
  - 大方合群 — 敢于表达，积极乐观

- **阳光**
  - 乐观 — 喜欢微笑，遇事积极应对，不悲观
  - 外向活泼 — 活泼、开朗，有良好的社交能力
  - 善良 — 待人友善，乐于助人

- **上进**
  - 创造精神 — 具有创新意识，善于在创造、创新中快速进步
  - 勤劳积极 — 勤快，做事积极认真
  - 不服输，但不固执 — 面对失败不服输，客观思考不固执

- **自律**
  - 独立意识 — 遇事有主见，不随波逐流
  - 自制力 — 今日事今日毕，做事不拖延，能够抵抗诱惑
  - 时间观念 — 具有一定的时间观念，能够在规定的时间内做完对应的事

女孩成长导图

女孩因自信而美丽

成长目标
1. 培养女孩自信的意识。
2. 引导女孩自信的性格。

开篇导读

著名主持人董卿说:"人的潜能其实远超过自己的想象,你不挖掘就永远不会知道。"在女孩成长的过程中,自信心所起的作用是无法估量的。世界上成就斐然者的显著特征是,他们无不对自己充满自信,他们无不相信自己的力量。自信能使我们站得高,看得远,能使我们站在高山之巅,眺望远方,看到充满希望的大地。可以说,自信的女孩美丽而迷人。

故事赏析

一个上六年级的女孩,学习一直很认真很努力,但成绩一直不是很理想。马上就要小升初了,父母看着女儿的学习成绩心急如焚,不知如何是好。

父亲有一个同学是某高校的心理学老师，在一次聊天中说起了女孩。这位老师听了女孩的情况后说："我虽然不是文化课老师，不过我可以从心理学的角度帮你分析一下。"

女孩爸爸第二天便带着女儿来到了这位心理学老师的办公室。

老师问："你喜欢学习吗？"

女孩轻声细语地说："喜欢。"

老师接着问："能说说你平时的学习规划吗？"

女孩低着头，不敢与老师对视，依然轻声细语地说："我平时……"

看到女孩的状态，老师已经大致猜测出了原因。老师又问道："你认为你们班学习成绩前十名的孩子怎么样？"

女孩说："我觉得他们很厉害很聪明，我根本比不过他们。"

……

与女孩聊完后，老师对父亲说："其实你们家孩子很优秀，学习努力，也很聪明，只是缺乏自信，她给自己设了一堵墙，如果能够建立自信，这堵墙就会自行坍塌，她的学习成绩一定会直线上升。"

不自信的人往往容易看轻自己，如同案例中那位老师所讲，不自信的人无形中给自己设一堵墙，阻碍了其前进的步伐。

其实，无论成还是败，无论优秀还是一般，女孩都需要仰起头，即使困难再大，山顶再高，只要用自信的眼光勇敢去直视，就一定能够克服困难，就一定能够逾越高山。

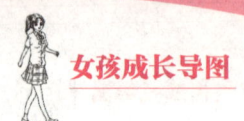

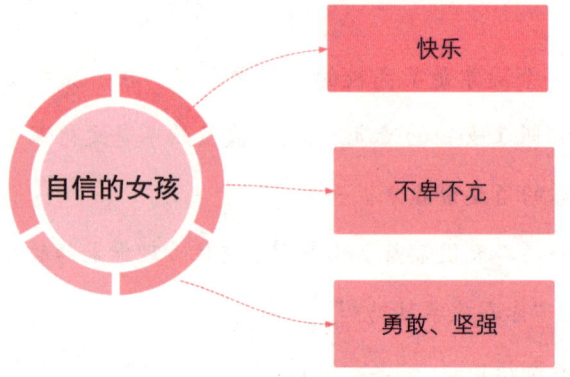

养育方法

作为父母,我们该如何培养女儿自信的性格呢?

第一,放手,让女孩自己做事。不要因为她是女孩子,我们就包办她生活中的所有事,只要是女儿力所能及且有益的事,我们应放手并鼓励她自己去做。即使失败了,也要给予她肯定和鼓励,以此来锻炼、保护女儿的自信心。

第二,心理暗示消除自卑。自卑是自信最大的敌人,也是缺乏自信的主要原因。所以,在培养女孩自信的过程中,一方面父母要主动激励,比如对女孩说"我相信,你一定可以的""你是最棒的,加油"等。另一方面,父母要尽量避免让女儿说一些消极的语言,比如"好难哦""我不行""我看是没希望了"等。运用心理暗示的方法,可以消除女孩自卑的心理。

第三,赞美女孩。赞美是激发并保护女孩自信最有效的方式之一,但在具体操作中要讲究方法。首先,赞美女孩时赞美点要与现实情况相符,这样能更有力地激发孩子的自信心。其次,赞美最好具体,比如你在检查女儿作业的时候发现她的字写得很好,你可以说:"你的字写得真好看!"听到这样的赞美,相信孩子以后在写字的时候一定会更加认真。

第四，不要局限孩子的发展。不要因为是女孩就限制她在其他方面的发展，女孩子不一定最擅长跳舞，男孩子不一定最擅长运动，让女孩自由地发展，可以更好地提升她的优势，改进她的不足。

> **精要分享**
>
> 雄鹰想要冲破苍穹，自信便是它的翅膀；流星想要在夜空中熠熠生辉，自信便是它在瞬间绽放美丽的符号；女孩想要到达成功的彼岸，自信一定是她手中的船桨。自信永远是一个人前进的力量和希望。正如莎士比亚所说："一个人的心灵如果受到鼓舞，即使器官已经萎缩，也会从沉沉的麻痹中振作起来，重新开始活动，像蜕了皮的蛇一样获得新生的力量。"
>
> 自信之于人类，就如燃油之于轮船，航标之于海员。如果一个人做事缩手缩脚，总是认为自己不行，不敢大胆尝试，就难有进步的机会；相反，那些相信自己的人，能够释放出前进的动力和发掘出巨大的潜力。

塑造女孩的阳光心态

成长目标
1. 培养女孩开阔的心胸。
2. 培养孩子积极向上的心态。

 开篇导读

阳光的女孩就像是冬天里的一缕阳光,能够让我们感到温暖,让人产生积极向上的力量;阳光的女孩总是富有朝气,活力四射,散发出一种莫名的魅力。可你是否发现,当下真正阳光的女孩却很少,是因为很难培养吗?

我们先看这样一组数据:据相关机构调查,全球有3亿抑郁症患者,其中我国有5000万左右。据2020年的数据,我国17岁以下儿童青少年受到情绪障碍和行为问题困扰的约有3000万。而且由于女孩的心理和生理特点,与男孩相比,女孩更容易患抑郁症。

也许你会问,培养阳光女孩与抑郁症有什么关系呢?

当然有关系。因为阳光女孩的反面便是抑郁女孩,很多女孩之所以不具备阳光性格，主要原因就是有抑郁倾向。

故事赏析

我经常会去一些青少年论坛上浏览，来了解青少年的思想观念。有一次，在一个阳光女孩论坛中，看到一个患有抑郁症的22岁女孩求助。我们暂时就把这个女孩叫作Z吧。

Z说，她从小生活在一个小县城，父亲是做生意的，在外边父亲总是很和气的样子，从来不和人吵架。但是在家里，遇到一点不顺心的事情就会和妈妈吵架。

有一次，父母当着她的面大打出手，家里的东西摔了一地，这件事情至今让她难以忘怀。所以，她在很小的时候就想离家出走，只是那时候没有能力没有钱。

如今自己虽然离开了家，有了工作和稳定的收入，可是医生说她得了抑郁症，不知道该如何是好。她说她想变成一个阳光女孩，希望能够得到帮助。

当时，我看了这个类似于求助的倾诉，心里很是难过，对于这个女孩来说，不得不说这是一个悲剧。

这件事情也非常严肃地告诉我们，培养女孩阳光的心态是多么重要，家庭关系对女孩阳光性格的养成是多么关键。

案例中22岁的女孩性格已基本形成，要想重新塑造阳光的性格是不容易的。所以，培养女孩阳光的性格宜早不宜晚，应尽早开始。

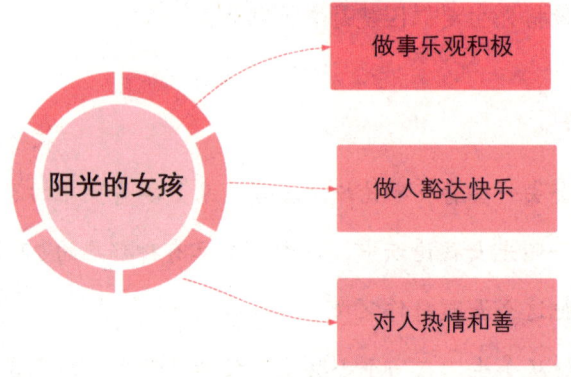

养育方法 >>

第一，保持女孩的积极和快乐。女孩在3岁之前，因为长辈们的溺爱，基本上处于一种积极快乐的状态，而随着年龄的增长，社会、学校及家长对女孩要求的增多，女孩积极快乐的一面慢慢减少。对此，父母要在女孩3岁左右，在培养女孩能力、技能的同时，更要让其保持积极快乐的生活态度，在教育女孩的过程中，可以采取更加有趣、孩子更容易接受的方式，切不可采用打骂威逼的方式去教育女孩。

第二，培养女孩的善良和爱。善良与爱是一个人的道德属性，每个人身上都有善良与爱的基因，只不过要想让其在女孩身上发展升华，需要我们后期的引导激发。所以，在孩子懵懵懂懂的阶段，我们要及时给女孩灌输善良与爱的观念，培养良好的"阳光"基础。

第三，引导女孩的热情和大方。热情与大方并不是女孩天生具有的品质，这一点我们要结合现实生活，从点滴小事介入，让女孩认识热情与大方的好处，比如女儿热情地邀请小朋友来家里玩自己的玩具，小朋友也热情地邀请女儿去她家里玩玩具；女儿送给小朋友一个礼物，小朋友也给女儿送了一个礼物等，以此来培养女孩热情大方的品质。

第四，谨记批评女儿要有方。古人说孩子在犯错时，要"七不责"，这一点我们必须学习古人育儿的智慧。"七不责"包括：当众不责，因为要在众人面前给孩子尊严；知错不责，如果孩子已经知错，无须再责骂；暮夜不责，因为孩子带着情绪睡觉容易做噩梦；用餐不责，因为容易造成孩子脾胃虚弱；欢乐不责，因为会影响孩子心态健康发展；悲痛不责，因为会导致孩子忧郁；疾病不责，因为会影响孩子身体康复。

> **精要分享**
>
> 众所周知，生命需要阳光。其实，心态更需要阳光。人生在世，要想拥有健康、幸福、快乐的人生，就要拥有并保持阳光的心态。

女孩成长导图

不甘平庸，不甘落后

成长目标
1. 培养女孩的竞争意识。
2. 培养女孩积极进取的精神。

开篇导读

　　从人性的角度分析，我们不得不承认，不甘平庸、不甘落后、不服输的精神有天性的成分。有些女孩天生就很倔强，不撞南墙不回头；有些女孩似乎天生就懦弱胆小，遇到一点困难便会产生放弃的想法。

　　当前社会是一个竞争力不断增强的社会，"内卷"现象的加剧便足以说明这一切。所以，不管女孩天生的性格如何，我们都可以通过后天培养，让倔强的女孩变得理智，让懦弱的女孩变得不服输，让她们在人生的道路上走得更加稳健。

故事赏析

　　有一个女孩叫妮妮，从小就爱哭，父母觉得，小孩子爱哭很正常，等到年龄大一些就会好一些，可是一直到 8 岁的时候，妮妮虽然哭得少了，但是面对自己在某些方面不如他人的情况却丝毫不在乎。

比如有一次学期结束，老师在班级群里发了一些得奖的同学的照片，妈妈对每一张照片都仔细查看，就是找不到妮妮的身影。妈妈问妮妮："别人都得奖状了，你为什么没有得啊？"

妮妮满不在乎地说："还有好几个同学没得呢，又不是我一个人没得！"

听了妮妮的话，妈妈有些失望！

显然，在妮妮的性格里，并没有竞争意识，没有不甘平庸、不甘落后的性格，这对妮妮今后的发展来说是非常糟糕的，如果此时不干预引导，妮妮的一生可能就是平庸的。

社会需要竞争，有了竞争社会才能发展；人与人之间需要竞争，有了竞争才能成长；社会的属性需要人们的不服输和竞争意识，只有符合社会属性需求的人才能适应社会。所以，培养女孩的竞争意识和不甘落后的性格，能够让其在将来更加轻松地融入社会、适应社会。

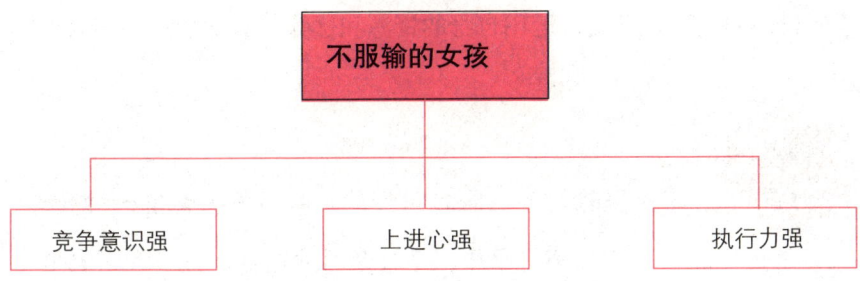

养育方法

第一，**设定适当的目标**。给孩子做一个成长规划，设定恰当的目标，所谓恰当，就是根据孩子的年龄、能力制定难度系数居中的目标，目的是激发孩子努力的意识，培养孩子进取的习惯。

第二，**激励女儿积极向上**。始终保持积极向上的心态，是女儿不断进步的源动力，也是不服输性格培养的重要环节。如果一个女孩能够长期保持积极向上的心态，那么，积极向上就能够刻入她的性格。对此，我们可以通过赞美、疏导的方式让女儿保持这种心态。

第三，**树立榜样，引导发展**。我个人并不赞成拿自己家的孩子与别人家的孩子相比较，因为这种教育方式很容易造成孩子骄傲或失落的情绪。但是，我们可以用一些知名人士作为孩子学习的榜样，以他们的优势为特点，引导孩子前进。

第四，**取长补短，巧妙进取**。一个人如果只是一味地较真不服输，而缺乏理智思考及执行的方法，这是鲁莽，大致也不会有什么好的结果。所以我们一定要告诉孩子，在不服输、不甘落后的同时，要理智思考自己的优势和不足，运用自身的资源和优势，成功会更加容易。

精要分享

不服输是人生难能可贵的一种勇气，也是一种智慧，让女孩树立不甘平庸、不甘落后的性格，提升女孩的竞争意识，是对当前教育大变革的一种适应，也是促进女孩未来健康成长的一种力量。

自律是女孩最高级的姿态

成长目标

1. 认识自律的意义和价值。

2. 树立自律意识。

自律的女孩子是什么样子的呢？

她能保持良好的作息习惯，她不需要家长催促就能独自完成作业，她能做到今日事今日毕，她有很强的时间观念，做事不会拖拉……

总之，自律的女孩如同掌握了通向理想人生的钥匙，浑身散发着耀眼的光芒，总是展现出最好的生活状态。

故事赏析

我的邻居有两个双胞胎女儿，比我们家孩子大两岁，我们家孩子经常去找她们玩。有一次晚上6点吃完晚饭，我家孩子说要找邻居家女孩玩，我看时间还早，便同意了。

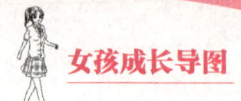

到了晚上7点左右，突然有人敲门，心想，我们家小孩不可能这么早回来，会是谁呢？

打开门后，只见隔壁邻居女孩的妈妈带着我家孩子站在门口。

女孩的妈妈说："实在不好意思，我们家这两个孩子只要我不守着，作业永远写不完，所以我先将你们家小家伙送回来，等我看着两个孩子写完作业再让她们一起玩，您看行吗？"

我有点尴尬但很理解地说："真的不好意思，我非常理解您的感受，现在大多数小孩自律能力都很差。"

她说："可不是嘛！我家这两个闺女，几乎所有的事情都要我盯着才能做完，我要不在，该做的事一件也不会做，真是让人头疼啊！"

听了这位邻居的抱怨，我想，可能很多家长都面临着类似的问题，自律能力差或者根本不知道自律为何物，让父母有操不完的心。有心理学家曾表示，由于孩子的心智还不成熟，自律能力差是一种很正常的现象，所以，父母要做的是如何培养孩子的自律能力，而不是采用监督的手段让孩子做某些事情。

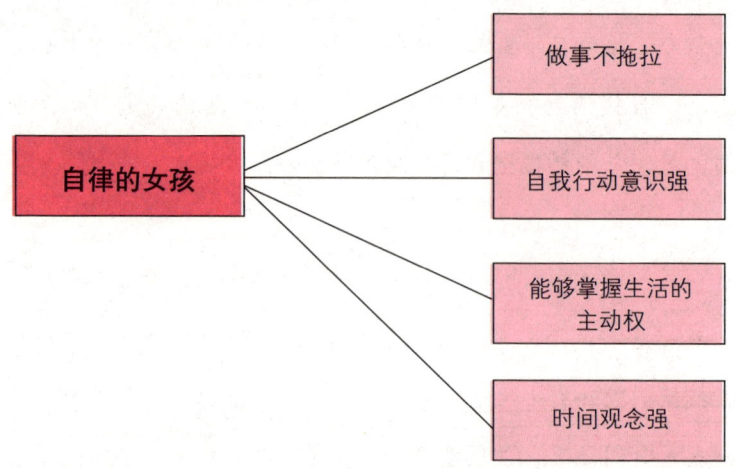

养育方法

女孩在 2 岁左右，是女孩的安全感敏感期，而在 2 岁之后，会出现一个"秩序敏感期"，常见表现有：

回家要自己开灯，如果是别人开了，要让别人关了自己再开一次；

玩玩具时要自己去拿，如果别人拿了，要让别人放回去自己重拿；

……

类似表现的出现，说明女孩正处于"秩序敏感期"。在这个时期，我们就可以对女孩进行自律能力的培养，具体措施和方法如下：

第一，了解自律优势，树立自律观念。通过讲故事、看视频的方式，让孩子明白什么是自律，自律的好处，自律的孩子和不自律的孩子的区别，最终的结果会有什么不同。让女孩通过了解自律，树立自律的观念。

第二，定规矩，坚决执行。俗话说："无规矩不成方圆。"让孩子按规矩行事，一方面可以培养其讲规则的意识；另一方面可锻炼自我控制能力。比如孩子喜欢看电视，那么规定孩子每天只能看 15 分钟或者一集动画片；每天写完作业才能玩耍；每天回家第一件事是洗手，否则不能吃饭等。当然，定规矩简单，关键在于执行，父母在定规矩时一定要注意，定了规矩就要坚决执行，不确定是否能够彻底执行的就不要定，在执行的过程中不要因为孩子的哭闹就妥协，否则将前功尽弃。

第三，信任孩子，让孩子自我管理。其实，每个女孩都希望能够成为父母眼中的大人，所以，让孩子自己安排一天的规划，什么时间做作业，什么时间玩耍，什么时间学画画等，父母给予引导，如果做

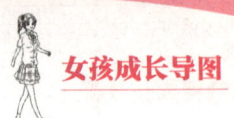

到了，便给予奖励。久而久之，孩子就可以独立规划做事情了，自律能力也会有一个很大的提升。

第四，以身作则去影响。通常，一个自律的女孩背后都站着两位自律的父母。如果父母整天看手机，女儿自然不会听你的话去学习。父母就是一面镜子，自律的父母才有可能培养出自律的女儿。

> **精要分享**
>
> 2022年3月，曾读过《自律的孩子更突出》的一篇文章，文中一位接受采访的家长表示：只要将孩子自觉学习的习惯培养出来，成绩提高是自然而然的事情，"双减"之后，会让一批自律、自觉的孩子变得更加突出。
>
> 教培时代的结束，"双减"政策的落地，意味着学生将有更多自由支配的时间，所以，尽早培养女儿的自律能力将格外重要。

附 8-14岁：女孩性格培养的5个关键期

有人说："性格决定命运，态度决定一切。"客观地讲，这句话虽然有些绝对，但我们不能不承认，女孩的性格如何对其今后的发展的确起着非常重要的作用。女孩性格发展关键在于5个阶段，把握并做好每个阶段的关键点，就能培养出优秀的性格。

阶段	年龄	培养重点
1阶段	0-2岁	安全感的建立，自信独立人格的形成。为什么有些女孩敢说敢做，不怕失败，能够大方地表达自己的观点，很是勇敢。这是因为她们有足够的安全感。 研究表明，孩子在4个月至2岁是安全感培养的关键阶段，这个阶段，父母对女儿的需求要及时回应，让女儿感受到父母的爱及温暖，能够让女孩对周围环境产生坚定的安全感。为今后性格的养成构建良好的基础。
2阶段	2-5岁	这个阶段是好奇心建立的关键期，据相关研究及统计，女孩在2岁至5岁期间，是孩子提问最多的阶段，这也说明孩子在这个阶段是好奇心发展的最好时期。父母需要做的便是对女儿"放手"，让女儿多去尝试，锻炼女孩全方面发展的可能性，锻炼敢于冒险的性格基因。

阶段	年龄	培养重点
3阶段	5-10岁	这个阶段孩子已进入小学，社交圈进一步扩大，培养的关键点是社交性格。父母可引导女儿正确交际的方式，培养女儿正确的交友观。父母要密切关注女儿情绪异常及交友动态，及时疏导女儿在社交中遇到的问题和挫折，来填充性格中的社交属性。
4阶段	10-14岁	这个阶段的女孩已进入青春期，在情绪发展方面会更加敏感，特别在意他人对自己的评价，为此，容易出现讨好奉承他人的心理或行为，这会严重影响性格中的独立自信的属性，容易掺入无主见、左右摇摆的性格属性。对此，这个阶段父母要引导孩子分析寻找自我，建立正确的自我认知，发现自己的价值。
5阶段	14-18	女孩到了这个年纪，已趋于成年，在原良好性格的基础上，需要注入"责任"的属性。也就是说，让女儿做一个有责任心、敢于承担责任的人。这个时期父母要引导女儿对自己的未来做一个清晰的规划，并要求女儿要对自己的未来负责。

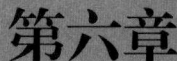

女孩情商成长导图

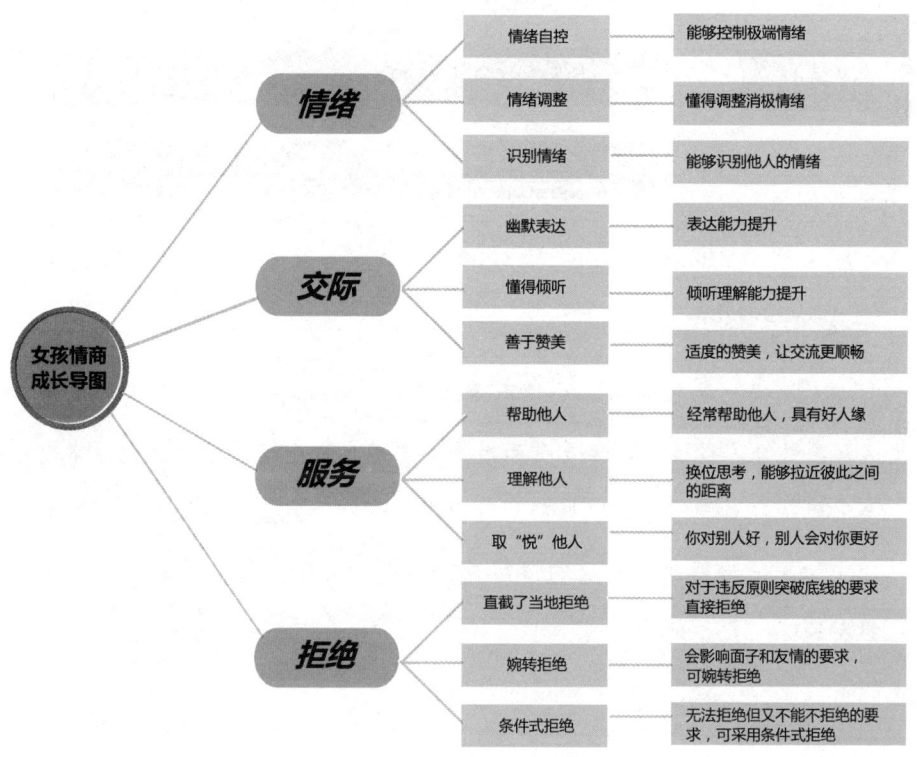

女孩成长导图

教女孩学会放下怨恨，放下负担

成长目标
1. 认识消极情绪。
2. 学会释放负面情绪。
3. 懂得放下怨恨。

开篇导读

人在成长的过程中，会遇到很多不开心的事情，这一点我们成年人深有体会。尽管未成年女孩面对的主要是日常生活和学习，但时常也会出现一些消极情绪，比如郁闷、忧伤、愤怒、失望、怨恨等。有些女孩由于不懂得释放，怨恨的情绪长期积压于心中，影响了她的身心健康发展。

故事赏析

星期六，妈妈带着6岁的女儿贝贝参加幼儿园组织的文艺活动，活动中学生可以现场报名上台表演文艺节目。贝贝对妈妈说："妈妈，我想上去表演芭蕾舞。"

贝贝以前报了一个芭蕾舞培训班,已经学了一年。妈妈说:"可以啊,我相信你一定会获得热烈掌声的。"

活动开始后,老师让想表演节目的同学举手,很多同学都举了手。贝贝刚想举手,就被妈妈拦下了。妈妈心想,让别的同学先表演吧,第一个上去表演容易紧张出现失误。妈妈说:"让其他同学先表演吧,我们下一次举手。"

贝贝听到这话,心里有些不高兴,但还是按照妈妈说的做了。

天有不测风云,第一位同学刚表演完节目,就下起了小雨,文艺活动被迫终止。

回家的路上,贝贝表现出怨恨的情绪,不理妈妈了。妈妈为了缓解贝贝的情绪,说:"吃不吃汉堡,我给你买一个。"

贝贝生气地说:"不吃。"

妈妈说:"不就是没有表演节目嘛,我又不能阻止天下雨。"

贝贝委屈地哭泣着说:"你就是怕我给你丢面子,才不想让我第一个上台。"

这时,周围众人的眼光纷纷向她们投来,妈妈尴尬不已。

妈妈举起手吓唬着说:"你没看见周围这么多人吗?再哭我揍你!"

贝贝吓得立即停止了哭泣。

但从此之后,贝贝在妈妈面前变得沉默不语,不再像以前一样活泼了,而且总是一个人发呆。

贝贝为什么会变得沉默,经常一个人发呆呢?

主要原因是对妈妈心存怨恨。就像我们成年人在生活中对某人心存怨恨后,会刻意躲避某人,不和他过多地交流一样。对于成年人来说

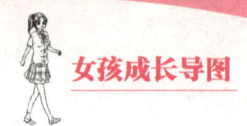

这是交际能力弱、情商不够优秀的表现;而对于未成年女孩来说,这种行为极有可能影响其心理健康的发展。

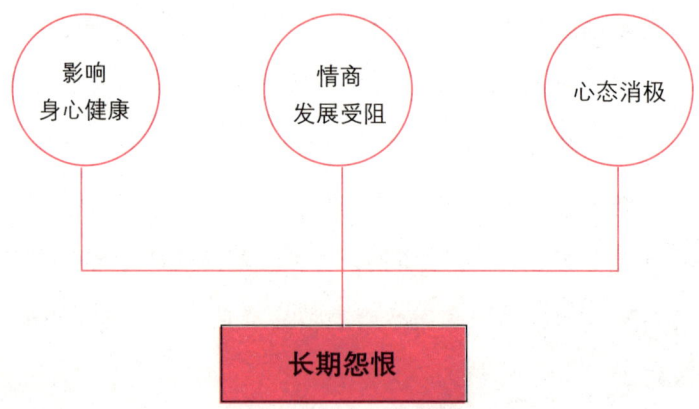

养育方法

女孩在成长过程中,作为父母我们要积极疏导其心中的怨恨情绪,一方面,可以促进女孩心理健康发展;另一方面,能够培养女孩良好的情商。

第一,帮助女孩及时化解。 贝贝的妈妈做法显然是错误的,用威胁的方法压制女孩怨恨的情绪只会让怨恨更加强烈。首先我们要引导女孩认识到自己愤怒的情绪,为什么会有此情绪?并进行客观分析。比如以上案例中,贝贝的妈妈可以说:"如果是因为我没有让你举手而生气的话,是妈妈做得不够好。但是,你在大庭广众之下大声哭闹是不是也不对呢?"先抚慰孩子的情绪,而后进行客观理智的分析,引导孩子认识自己的情绪。

第二,跳出事件本身,引导思考。 女孩的怨恨可能是针对父母,也可能是针对朋友,还有可能是针对陌生人或者单纯的某个事件。当女孩到了一定年龄能够理智思考时,我们可以问孩子:"你在怨恨中能够得到什么呢？"

带着这个问题去寻找答案，结果肯定是什么也得不到，只会让自己更加苦恼。明白了这个道理，也就明白了放下怨恨的道理，懂得了自我心理调节。

第三，将怨恨正确释放。对于心中的怨恨，如果无法有效地进行心理调节，那么，就需要释放。比如在女孩心态稳定之后，带她去做游戏、跑步等，以此来转移女孩的注意力，并将怨恨在活动中释放。

相对于男孩来说，女孩的心理承受能力要差一些，所以在女孩怨恨情绪产生之后，要及时地引导释放，尽管女孩在释放负面情绪的时候可能会比较激烈，但父母要给予理解。

精要分享

女孩要想拥有一个健康的内心世界，就必须懂得放下怨恨的情绪，如果放不下，负面情绪越积越多，最终会扭曲女孩的心灵和人格，将来在人际交往中也会显得格格不入。

如同网络中有位网友所说："内心强大的人知道，当你放下怨恨的时候，即使对方没有道歉，生活也会顺利很多，怨恨会毁掉当下的快乐。"

当然，女孩对于怨恨的认识并没有成人理解得透彻，正因为如此，我们要正确引导女孩在成长之路上所产生的怨恨，让女孩无心理负担健康地前行。

女孩成长导图

女孩懂得倾听的重要性

成长目标
1. 明白倾听的重要性。
2. 纠正心不在焉的问题。
3. 掌握倾听的技巧。

开篇导读

倾听是人际交往的基础,没有倾听的沟通就会变成自说自话,就失去了沟通的意义。沟通表达是个人情商表现的主要方式之一。懂得倾听的人,能够让对方兴致勃勃地讲下去,更能够用对方喜欢的方式与其友好地交流,甚至说服对方,这便是倾听的魅力,更是情商的体现。当然,这种认识和能力并不是在短时间可以练就的。

故事赏析

有一天,8岁的豆豆和爸爸去逛街,正在路上走着,突然一辆消防车呼啸而过,父女俩听着消防车的警报声循声望去,只见远处一个市场着火了。爸爸指着冒烟的地方说:"看来那里着火了,希望人没事!"

这时，豆豆问爸爸："如果你上班的地方着火了你会怎么办呢？"

爸爸说："我想我会先拿起电话，然后……"

爸爸话还没有说完，豆豆便抢着说："爸爸你这样做是不对的，老师说遇到火灾要先逃生或者报警，不能去拿财物。"

爸爸说："是啊，我是想先拿电话报警，然后逃生啊！"

豆豆："哦！原来如此。"

这个故事告诉我们，听话不听全，说话者想要表达的意思就会被误解。女孩从牙牙学语到能够表达思想，这个过程都是从听一两句话开始的。但随着年龄的增长，语言表达会更加丰富，而女孩倾听方式可能还停留在原先的习惯当中。在现实中，我发现一些成年女性在与对方沟通中，对方话还没说完她便武断地下结论，从而造成很多误解，她们也常常被视为情商低。

对此，在女孩成长的过程中，我们要引导培养孩子的倾听能力，为交际打下良好的基础，为沟通培养良好的思维，为情商塑造正确的理念。

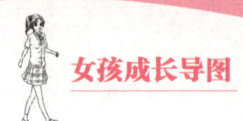

养育方法

第一,在倾听中教导孩子。作为父母,首先要懂得倾听女孩的声音,不要随意打断女孩表述,给孩子正面的示范。如果孩子不能意识到倾听的重要性,总是打断别人说话,父母可制造一些矛盾予以引导说明。比如故意打断女孩表述,让女孩感受被他人打断说话的感觉,从而自我纠正,学会倾听。

第二,培养要与女孩的年龄思想同步。女孩在不同的年龄认知不同,思想不同,理解不同,表达亦不同。父母在培养女孩的过程中,

要与女孩成长的步调保持一致。比如 5 岁左右的女孩好奇心强,并没有太多的倾听耐心,表达要尽量简短;9 岁左右的女孩理解能力提升,耐心更强,可以用简短的故事说明倾听的重要性。

第三,倾听技巧。当女孩达到一定年龄后,可教导孩子学习一些倾听技巧,比如在倾听中适当地问为什么,在合适的时机表达自己的观点等,以此来提升孩子的倾听技巧。

总之,让女孩学会倾听,倾听是一种人际交往的情商,能够快速拉近彼此之间的距离,建立沟通的桥梁。

精要分享

倾听是一种重要的学习方式。教育心理学家对人的学习活动进行研究发现,在各类学习方式中,听占 45%,说占 30%,读占 16%,写占 9%。也就是说人们约有一半的时间在听,听是人们获取知识的主要途径之一。

倾听也是一种重要的交往方式。倾听是接受、分析、理解、分享的过程,具有较强倾听能力的人,往往有好的人际关系,能与人很好地沟通合作。

女孩成长导图

懂赞美之词，尤其是女孩

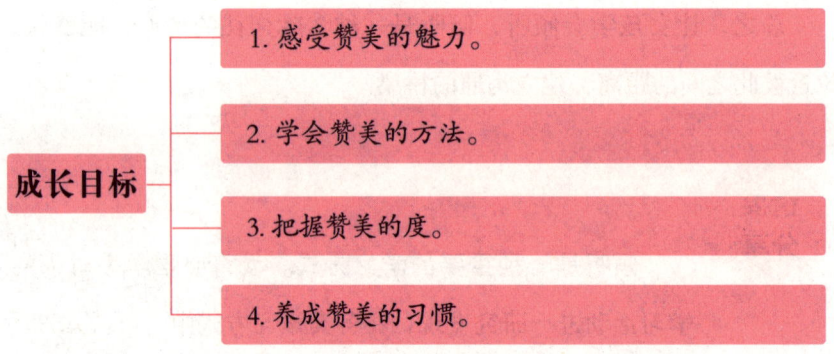

成长目标
1. 感受赞美的魅力。
2. 学会赞美的方法。
3. 把握赞美的度。
4. 养成赞美的习惯。

开篇导读

塞·巴特勒说："赞美是美德的影子。"一个懂得赞美的人一定是很受欢迎的人，也会有很好的人缘。我们观察一下自己周围的人，那些情商高的人必定都是经常赞美别人的人，他们在社交中总是那么得心应手。所以说，赞美是一种技能，我们的女孩当然也需要这种技能，让她成为受欢迎、高情商的人。

故事赏析

记得有一次，我家孩子7岁的时候，我带着他去公园玩，拿着我刚给他买的电动纸飞机,轻轻一扔就可以在空中飞行半分钟的那种,在当时还算是一种比较酷炫的玩具吧。

我们正在草坪上玩时,一个小男孩似乎非常感兴趣,站在旁边目不转睛地看着我家孩子玩耍,正好有一次飞机降落在了这个男孩的脚下,男孩捡了起来,我们家孩子过去拿。男孩子看着我家孩子说:"我可以玩一次吗?"

谁知我家孩子直接拒绝了,从男孩手中拿回了飞机,然后吵着要换一个地方玩。随后我们来到另外一个草坪,这时跑过来一个6岁左右的小女孩,小女孩看着我们家孩子的飞机,非常激动地说:"哇!你的飞机好漂亮啊!我可以玩一次吗?"

我家孩子露出了骄傲的表情,说:"可以,给你飞一次吧!"

……

从这件小事中我们可以看出,孩子也喜欢被赞美。第一个男孩因为没有赞美,我家孩子没有对其产生好感,所以拒绝了他的要求;第二个女孩因为赞美,瞬间拉近了她与我们家孩子的距离,从而要求被满足。

显然,不管是大人还是小孩,都喜欢被他人赞美,通过赞美,可以拉近彼此之间的关系。

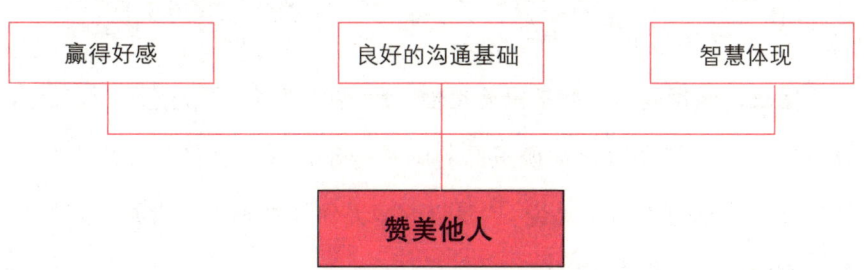

养育方法

关于赞美他人,我们需要告诉女孩以下几点,以此来培养孩子的情商。

第一,赞美他人的优点。对于对方的优点,一定要第一时间赞美和肯定,一方面,这是我们需要学习提升的地方;另一方面,可以给对方留下美好的印象。

第二,赞美他人要真诚。赞美要发自内心,你认为真的很不错,就要大胆且真诚地去赞美,不能为了想得到某种东西而去赞美,这样的赞美是毫无价值且虚伪的。

第三,借用同学的赞美来赞美他。就是说把别人赞美他的观点进行认同转述,比如丽丽对你说王磊的画画得非常好,就像打印出来的一样。那么,你可以对王磊说:"我听丽丽说你的画画得非常好,就像打印出来的一样,你真厉害啊!"

第六章　女孩情商成长导图

　　第四，双重赞美。比如你的同桌学习成绩非常好，在开运动会的时候还得了第一名，那么你可以说："你学习成绩那么好，体育也这么棒，你真是太牛了！"

　　以上是赞美他人的一些基本方法和技巧，也可以作为培养孩子提升赞美能力的基础。同时，在生活中我们也要经常赞美女孩，让她感受被赞美的快乐，从而感悟如何去赞美他人。

> **精要分享**
>
> 　　女孩的赞美意识和能力对于其今后的发展非常重要，女孩如果真诚地去赞美他人，这说明女孩用心去理解感受了对方，发现了对方的优点，这个过程对于女孩自己来说也是一种成长和激励。
>
> 　　英国作家塞缪尔·约翰说："赞扬，像黄金钻石，只因稀少而有价值。"其实，当下很多孩子都有赞美他人的意识，只是缺少赞美的方法，父母需在这方面多加培养引导。

女孩成长导图

女孩懂幽默，人生更精彩

成长目标
1. 培养女孩幽默的表达能力。
2. 掌握表达幽默的方法和禁忌。

 **开篇导读**

幽默是什么？为什么要培养女孩的幽默感呢？

首先，幽默是一种有趣的沟通方式，是彰显人格魅力的方式，是情商的具体表现。通常，具有幽默感的人非常受欢迎。其次，幽默的本质是乐观，具有幽默感的人总能让身边的人感觉快乐，即使自己遇到困难和挫折，也能以苦为乐，快速调整出积极的心态。

故事赏析

一天晚饭后，爸爸带着5岁的女儿去散步，女儿非要倒着走，认为这样走路更有趣。就这样，爸爸在前面走，女儿在后面倒着走，走了还没几步，女儿就撞到了树摔了一跤，哭了起来。爸爸急忙查看，看女孩没什么大碍后说道:"是你撞到了树大哥,树大哥都没哭你哭什么呀!"

女儿听爸爸说树大哥,立马来了兴趣,停止了哭泣,反驳道:"树又不知道疼,当然不会哭了!"

爸爸幽默地说:"下次你要倒着走的时候,我提前给树大哥打个电话,让他让一让!"

女儿咯咯笑了起来,似乎忘记了疼痛。

幽默可以给人带来快乐,还可以维持良好的亲子关系,治疗心理上的苦痛。案例中的爸爸是一个有幽默感的人,他用幽默的方式让女儿很快走出了疼痛,破涕为笑。

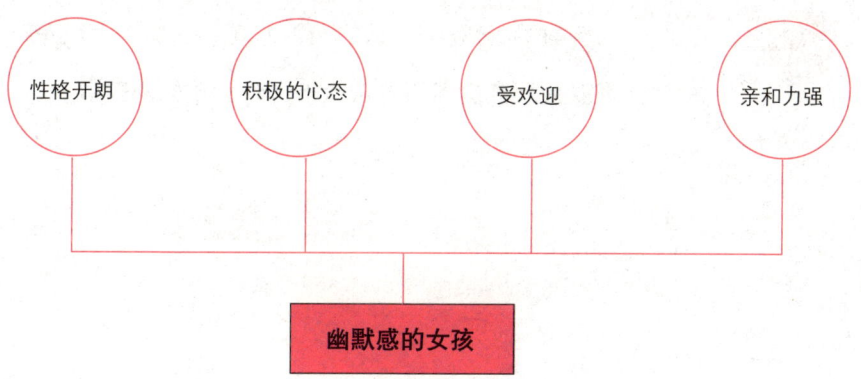

养育方法

第一,做好幽默的榜样。要让女孩有幽默感,父母首先要是一个具有幽默感的人,对此,父母在与孩子交流的过程中可尽量采用幽默的方式,来引导开发女孩身上的幽默细胞。

第二,看一些有趣的节目或书籍。平时可引导女孩看一些有趣的视频或者书籍,包括段子、说话的方式、语气节奏等,日积月累,女孩

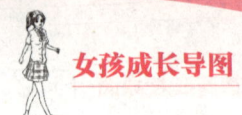

就会慢慢变得幽默起来。

第三，把握尺度。幽默虽说可以化解尴尬，让人开心，但过度的幽默可能会让他人难堪，导致他人不开心。如不可以拿他人的明显缺点、身体残疾、外貌、对方的痛点开玩笑。

精要分享

一家媒体曾发表文章说，2岁左右的孩子笑点低，看到有趣的东西就会哈哈大笑。只是，这个年纪的孩子不知道什么是幽默，父母可在女孩这个年纪时找一些有趣的素材进行引导培养。林语堂在《论幽默》中说："真正幽默的人，能自嘲。"自嘲是幽默的一种方式，在女孩10岁左右时，可教会女孩自嘲的方法，来提升女孩的幽默感。

不喜欢的，当然可以拒绝

成长目标
1. 学会拒绝方法。
2. 明白哪些事情可以拒绝。

开篇导读

拒绝是每个人的权利，更是自我保护的具体方法，女孩切不可成为"老好人"，不好意思拒绝，不懂拒绝，这样的女孩容易受欺凌，被欺骗，从而受到一些没有必要的伤害。所以，作为父母，一定要教会女儿懂得拒绝，学会使用拒绝的方式方法。

故事赏析

8岁的女儿在学校有一个同桌，两人是很好的朋友。

最近，妈妈发现女儿的橡皮擦总是丢，昨天刚买的，第二天就不见了，问女儿原因，女儿支支吾吾说不清楚。最后，在妈妈的威逼利诱下终于说出了原因。原来女儿的同桌总是借她的橡皮擦，每次借了用

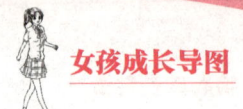

完之后都不还,女儿跟她要,她要么说丢了,要么说带回家放家里了。

妈妈有点生气地说:"既然她那么不珍惜你的东西,你为什么还要借给她呢?"

女儿说:"因为她是我的好朋友,我不好意思拒绝她。"

妈妈严肃地说:"不管是不是好朋友,借别人的东西都应该珍惜,如果不珍惜,那么你完全可以拒绝。"

记得有一本很畅销的书叫《别让不好意思害了你》,对于大多数成年人来说,因为不好意思拒绝,受伤的总是自己。对于成长中的女孩子来说,更应该懂得拒绝,因为懂得拒绝、会拒绝的女孩能够避免很多麻烦和烦恼,并且能够提升自保意识。

当然,拒绝他人也要有一定的技巧。

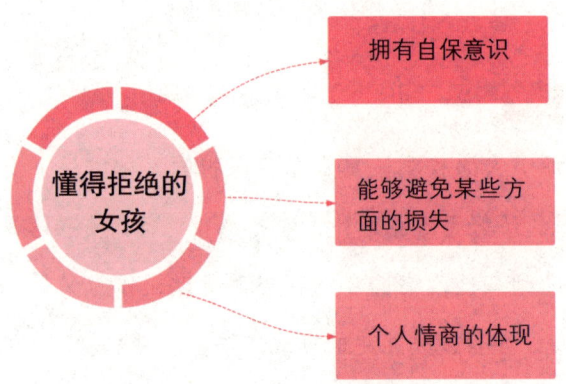

养育方法

第一,我们要告诉女孩,任何时候你都有说"不"的权利,这是让女孩学会自我保护的第一步。她有权利拒绝任何自己认为不对的事情,这就要求父母要培养提升孩子辨别是非的能力,让孩子明白什么事情该做,什么事情不该做。在培养女孩成长的这条路上,不能一味地灌输"听话的孩子才是好孩子"。

另外要告诉女孩,面对诱惑时要坚定自己的立场,勇敢拒绝,只有抵挡住诱惑,才能被他人尊重,在人生道路上始终保持清醒。

第二,拒绝他人的方法。

拒绝他人的方法	
直接拒绝法	对于一些明显错误或无理的要求可以直接说"不",比如以上故事中的女孩可以直接说:"我不能借给你,因为你上次借我的还没有还我。"
借助拒绝法	比如"这个事情我要问问妈妈才能决定,暂时我不能答应你!"
条件拒绝法	比如"某某借走了还没还我呢,等他还我了我立刻借给你!"
幽默拒绝法	比如"实在不好意思,我也是有心无力,只能当逃兵了!"
肢体表达法	有些事情如果实在不好意思开口,可以通过摆手、摇头等方式表达拒绝的意思。
礼貌拒绝法	比如"非常感谢你邀请我,但是我有非常重要的事情要去做,所以不能答应你的要求。"

其实,还有很多拒绝他人的方法,总之,女孩们首先要能够辨别是非,明白哪些事可以做,哪些事不可以做,然后根据自己的性格和

表达习惯、事件的性质采用合适的方式拒绝即可。

精要分享

著名作家毕淑敏曾说:"拒绝是一种权利,就像生存是一种权利。"古人曾经说过:"有所不为才能有所作为。"

作为女孩,一定要具备拒绝的意识和勇气,对于一些错误的或无理的要求,要勇于拒绝,这样才能健康、安全地成长,永远保持一颗理智的头脑。

附 8-14岁：能控制住情绪的女孩必然胜人一筹

孩子小的时候，我们经常在孩子哇哇大哭时手足无措；当孩子大一点后，孩子愤怒、生气、不理人时让我们难过或者恼火，有些父母甚至会想：女孩真的没有情绪自控的能力吗？

美国神经学家保罗·麦克林曾提出一个理论，叫"脑三位一体"，他表示人脑分为原始脑、情绪脑和理智脑，并各有不同的作用。

脑三位一体	
原始脑	主要作用是保护自身的安全
情绪脑	主要作用是情绪处理和记忆存储
理智脑	主要作用是识别、接收、过滤和转化信息，最后权衡利弊，做出相应的表现

如果一个女孩经常表现出一些极端负面情绪，这说明她的"理智脑"还没有发育完整，或者发育得不够好，所以无法理性地控制情绪。

对此，我们要着力从小培养孩子"理智脑"的发展，建议方式如下：

第一，引导女孩识别情绪。 当孩子出现不良情绪时，问孩子三个

问题：

1. 你感觉怎么样？

2. 为什么会有这样的情绪？

3. 如何做才能去除这种情绪？

通过这三个问题让女孩了解情绪是什么，识别情绪，奠定自控情绪的基础。

第二，觉察自我情绪。将情绪自控培养融入日常生活中，比如父母可使用各种表情和肢体语言来表达不同的情绪，引导女孩识别对照，提升自我觉察情绪的能力。

第三，"游戏"培养。父母可以制作一些小卡片，卡片的一面画上情绪表情，另一面写上文字，比如"高兴""难过""愤怒""生气"等。然后将这些卡片放进一个箱子里，和女孩轮流抽卡片，根据抽到的卡片来讲述与其相关的情绪故事。

这样，在讲述探讨中，女孩会更深入地认识情绪，理解情绪波动的原因。随后可讨论负面情绪解决方案。通过类似反复锻炼，女孩便能够掌握自我疏导情绪的方法，成为情绪的主人。

第七章

女孩能力成长导图

- 女孩能力成长导图
  - 自理能力
    - 自理意识 — 自己的事情自己做，说故事、讲道理，树立自理意识
    - 自理习惯 — 从做家务开始，享受自己动手的快乐，并养成良好习惯
    - 自理提升 — 根据女孩年龄的增长，逐步提升自理难度，从而提升自理能力
  - 学习能力
    - 模仿能力 — 从模仿开始，提升孩子的学习能力
    - 理解记忆能力 — 通过对事物的分析，培养女孩理解事物的准确性
    - 整合策划能力 — 通过分析组合以及分配，锻炼孩子各要素整合策划能力
  - 执行力
    - 主动性 — 通过引导，养成积极主动的习惯
    - 高效 — 做事快速高效
    - 果断 — 面对选择坚决果断
  - 理财能力
    - 树立正确的金钱观 — 让女孩明白金钱的意义和在生活中的作用
    - 养成理财习惯 — 学会攒钱、计划性花钱、投资基本知识
    - 学会记账、算账 — 养成记账的习惯，学会算账

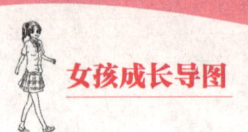

才艺培养，女孩内外兼修的方式之一

成长目标

1. 激发女孩对才艺的兴趣及爱好。

2. 通过才艺培养提升女孩的综合能力。

开篇导读

随着社会的发展及需求的多样化，以及职场"内卷"情况的愈演愈烈，作为父母，我们一定能够深刻体会如果没有两把"刷子"真的难以在职场立足的危机感。其实，女孩才艺的培养一方面是提升其多才多艺的技能，而更为重要的是陶冶情操、开阔视野、促进发展。

故事赏析

小红今年4岁，已经上了一年幼儿园。妈妈在接送小红上学的时候认识了一些其他小朋友的妈妈，聊天中得知她们给孩子都报了兴趣特长班，小红妈妈意识到培养孩子才艺的重要性。回到家后开始研究给小红报什么兴趣班。

经过一番研究，小红妈妈认为能报的都报上吧，多学总比少学强，于是，她给小红报了钢琴、绘画、围棋、街舞等一大堆兴趣班，几乎一周七天每天都有课程，忙得不亦乐乎。

第一个星期时，小红可能觉得很好玩，每天都很高兴地跟着妈妈去上课，第二个星期、第三个星期、一个月后，小红哭着说什么也不去了，她哭着说："妈妈，太累了，我不喜欢学这些东西……"

其实，小红的妈妈也觉得很累，每天带着小红去上课，心想，既然孩子不想学，索性就不去了吧。

我们来分析一下这个故事，是小红真的不喜欢这些课程吗？我认为不一定。她之所以产生厌烦的情绪，一方面是因为有些兴趣班并不是小红发自内心喜欢的；另一方面，因为所报兴趣班太多，让她身心疲惫。

所以说，女孩才艺培养是有必要的，对未来个人发展有很大的好处，但选择什么样的才艺？选择多少？不能随父母的意愿而定，而是要根据孩子的想法或者优势而选，否则，很容易半途而废。

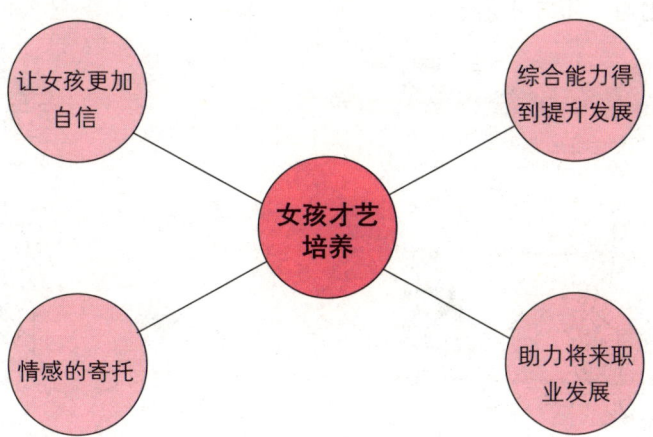

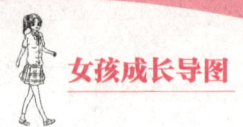

女孩成长导图

养育方法 »

第一，启蒙引导。如果你想让孩子按照你的想法学习一门才艺，那么，你首先要做的不是给她报班，而是做启蒙引导，让女孩对该才艺产生兴趣，有学习的欲望，然后顺势而为，为孩子报兴趣班学习。这样女孩的学习进度、接受度会更快。

第二，询问孩子的意见。如果你不知道该培养女孩哪方面的才艺，不妨先询问一下女儿的想法，综合考量决定，因为只有感兴趣女儿才会有积极性，有积极性接受才会更快。

第三，才艺培养数量。对于六七岁的女孩来说，她的精力、认知能力、学习能力毕竟是有限的，所以，万不可一次报很多才艺班，幼儿园阶段可选择三个之内的才艺进行培养，上小学后可缩减到两个，毕竟，我们还是要以学业为主，因为对于大多数人来说最终上大学考的是文化课，而非才艺。

第七章 女孩能力成长导图

第四，女孩学习部分特长的优势。

才艺	作用
书法	能够陶冶情操、锻炼意志，培养沉着冷静的习惯
绘画	培养想象力、创作力、观察力等，有利于孩子心理和智力的发展
舞蹈	增强体质、提高女孩身体协调能力，改善女孩体型，培养女孩气质
乐器	培养女孩的注意力、身体协调能力，提升女孩的气质。

精要分享

《人民日报》曾发文《用艺术教育成就通识之才（新论）》，说：基于艺术的审美教育，是实施美育的重要途径和基本手段，在培养通识之才方面发挥着重要作用。通过艺术教育，有助于推动学生形成良好的鉴赏力、判断力以及开阔的视野、开朗的个性，涵养完整的人格，牢固树立社会主义核心价值观，进而实现自己的人生价值。

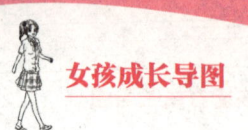 女孩成长导图

自理能力，女大总有不由娘的时候

成长目标
1. 提升女孩的动手能力。
2. 培养女孩勤快的意识。

 开篇导读

说到这个话题，我实在无力吐槽，因为看到过很多父母因为溺爱女儿，让女孩几乎失去独立生活能力的案例。

父母终究有老去的一天，孩子终究有离开我们的一天，问自己一个现实且将来必定发生的问题：孩子离开了我们她能生活下去吗？

你一定会担心，女儿这也不会那也不会，离开我们该怎么生活啊！所以，如果我们爱我们的女儿，那么就从现在开始，狠下心来，培养提升她的自理能力吧！

 故事赏析

我曾看过这样一个关于留学生的纪录片。有一个女孩在美国留学，

第七章 女孩能力成长导图

周末了,特别想吃妈妈做的土豆丝炒辣椒,于是她放学后去超市买好食材,准备回到住处自己做。

而当准备妥当之后,才发现根本无从下手,不知道怎么做。于是便打电话给正在睡梦中的妈妈。

当时我看到这里的时候,我觉得妈妈可能会在电话中指导一下,先放啥再放啥,然后完事继续睡觉。可让我没想到的是,这位妈妈立马起床打开厨房的灯,与女儿进行视频连线,自己边炒边教女儿,直到女儿炒好菜吃到嘴里才挂断视频,而这时妈妈这边天已经亮了!

真的是可怜天下父母心,首先,作为一名大学女生,不会做妈妈经常做的简单菜肴,实属动手能力较差,而她的动手能力差与妈妈有很大的关系,从妈妈起床亲自下厨视频教学就可以略知一二。正是因为妈妈的溺爱,才导致了女儿动手能力较差的结果。所以,培养女孩的自理能力是必须尽早开展的事。

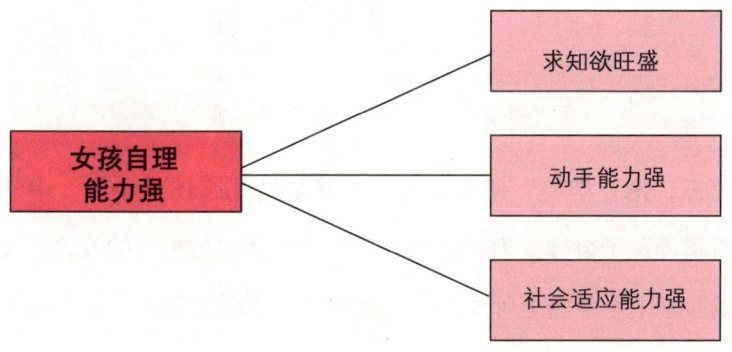

养育方法 »

第一,"狠心"放手。父母的溺爱是影响女孩自理能力提升的最大障碍,所以,这里我倡导父母们放开双手,让女孩去做一些力所能及的事情,即使做不好也没关系,因为她的自理能力定会得到培养提升。

第二，循序渐进。让孩子短时间内掌握某项技能是不现实的，所以，在培养女孩自理能力的过程中，最好将动作分解，逐渐提升。比如教女孩拖地，可以先教她洗拖把，当她把拖把洗干净后，通过表扬激励，再教她拖地，逐渐提升。

第三，把"学校"搬到家里。不管是幼儿园还是小学、中学，当下都有培养孩子自理能力的课程或者学习生活技巧相关的设置。比如我们家的孩子上小学时老师要求每天要做一个小时的家务，第二天上学的书本要自己收拾到书包中，如果忘记了，家长不可以送等，这些都是学校为培养孩子自理能力的相关做法。那么，作为父母，我们除了要监督让女孩每天坚持外，更要做到学校家里一个样，来配合学校巩固女孩一些好的习惯和能力。

第七章 女孩能力成长导图

精要分享

教育学家马蒂·罗斯曼说："孩子越早做家务，越早具有生活自理能力，孩子成年后社会适应能力越强，也更容易获得成功。"

下面我们来对照1到6岁女孩生活自理能力表，看看女孩的自理能力到底如何？

1到6岁女孩生活自理能力对照表	
1岁	拿奶瓶喝水，用手抓食物吃，手脚能配合父母穿衣服。
1.5岁	用勺子进食，拿杯子喝水，伸出手配合洗手，将手伸出袖子，脱鞋脱袜子。
2岁	两手拿杯子喝水，不排斥如厕训练，尝试洗身体，拿牙刷刷牙，尝试自己穿衣、脱鞋，洗手时会搓手。
2.5岁	能向父母表达是大便还是小便，用勺子进食毫无压力，尝试自己擤鼻涕，能自己穿上宽松的外套、裤子，自己穿不用系鞋带的鞋子。
3-4岁	把筷子当勺子用，单手用水杯喝水，独立如厕，能擤鼻涕，能刷牙但不强求干净，能开关水龙头，能穿脱衣裤、袜子，能收拾玩具，丢垃圾。
4-6岁	5岁左右能用筷子夹菜吃，分清左右脚的鞋子，自己穿脱鞋子，自己洗脸、刷牙，能扣上衣服的小纽扣。

女孩成长导图

树立女孩正确的金钱观及理财能力

成长目标
1. 正确认识金钱存在的意义。
2. 养成不乱花钱的习惯。
3. 明白理财的基本含义。

开篇导读

俗话说："钱不是万能的，但没有钱是万万不能的。"在当下社会成年人的眼中，金钱就是生活，赚钱是我们工作的基本意义。这话听起来虽然有些俗，但话糙理不糙。让女孩树立正确的金钱观，培养女孩一定的理财能力，决定着其品格素养的发展乃至今后的经济基础。

故事赏析

小花今年7岁，平时喜欢看漫画书，吃零食和喝冷饮，妈妈每天都会给她零花钱，可是每次都不够花，不到半天，就又来向妈妈要钱。起初，爸爸为了不让女儿吵闹，都会说服妈妈尽量满足小花的需求。

随着时间的推移，爸爸意识到小花的这种习惯非常不好，纯粹是一种乱花钱的行为，为了防止女儿养成今后大手大脚的毛病，爸爸和妈妈决定对女儿的这个习惯进行纠正。

这天，爸爸将小花叫到身边说："花花，这50元是你的零花钱。"

花花惊讶地说："怎么这么多呀？"

爸爸说："这是你一个月的零花钱，你自己计算着花吧，提前花完我们不会再给哦。"

小花非常高兴，拿着这50元去书店买了一本漫画书，然后去超市买了冰激凌，还请同学吃了零食。

可是，刚过了3天，小花的50元就花光了！第4天小花哭丧着脸对爸爸说："钱花没了……"

爸爸说："我们说好了的，那是一个月的零花钱，接下来的20多天，你可就没有零花钱了！"对此，小花也只能接受。

到了第二个月，小花又得到了50元零花钱，但是这次，她每天只花1块钱买零食，剩下的20元钱买漫画书，又过上了有零花钱的日子。

通常，女孩在金钱使用方面最大的问题是大手大脚，这是我们在培养女孩金钱观上首先要解决的问题，案例中父母的做法很聪明，让女孩知道了如何正确地使用金钱。

据相关研究表明，女孩在3岁左右就有了独立意识；8岁左右就有了推理和分析能力；12岁以上，决策力开始指引行动。综合以上特点，女孩的理财能力应该从年幼时就进行培养。对于没有理财能力或者金钱观错误的女孩，往往会走向两个极端——吝啬和败家，不利于其今后的发展。

女孩成长导图

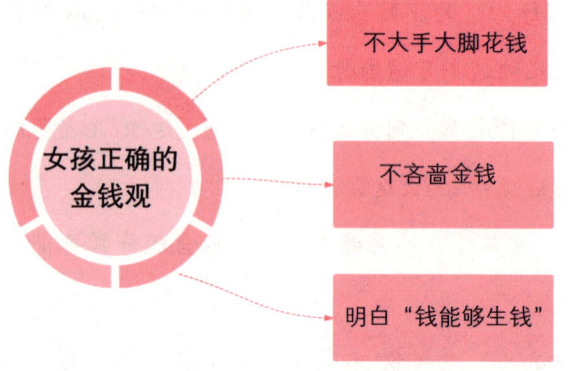

 **养育方法** >>

第一，正确认识钱。告诉女孩，金钱是来之不易的，在我们日常生活中具有非常重要的作用。此外，不回避谈钱，也不过分夸大金钱的作用，只需让女孩了解金钱存在的意义，形成正确的经济意识即可。

第二，女儿的零花钱量力而为。给女儿零花钱不要太多，太多容易养成乱花钱的坏习惯；也没必要太少，太少容易让女孩变得吝啬，

不够大方。这个度可根据当地的消费水平和家庭实际经济情况来把握，如果发现孩子有以上两个问题的苗头，应立刻调整零花钱金额。

第三，参加摆摊活动。当下很多学校或者组织都会举行儿童摆摊的活动，将家里的东西拿出去卖，自己还可以用卖掉的钱买别的小朋友的东西。这样类似的活动可以有效锻炼孩子的理财能力和经济思维。

精要分享

有一部电影叫《西虹市首富》，有一家微博账号曾引用教育光影的文章《西虹市首富》，其中有这样一段话：

"从一个人怎么花钱，可以直接看出他的价值取向和价值排序，这是一个人的人品和格局。因此，教育孩子拥有一个正确的金钱观，是很重要的一课。只是在现代家庭教育中，许多父母往往会忽略对孩子金钱观的培养。其实在"缺钱"教育下长大的孩子，不仅对金钱缺乏正确的认识和了解，更难以理清金钱和人生的关系。

女孩成长导图

高效利索,这样的女孩人人爱

成长目标
1. 提升女孩果断的能力。
2. 提升女孩的执行力度。

开篇导读

一个优秀的女孩绝对是行动家,而非空想家。可事实是,在很多父母看来,女儿做事总是拖拖拉拉,效率极低。比如一个非常简单的作业,总是玩玩耍耍要进行两三个小时;让她去打扫卫生,拎着扫把东转转西看看;洗脸刷牙喊了一遍又一遍,就是不动身……

这到底是什么原因呢?

故事赏析

曾经有一位家长向我倾诉,说她家女儿懒散,有拖延症,甚至想过要带她去看心理医生。我询问具体原因,她告诉我,老师经常向她反映女儿做作业效率很低,其他同学30分钟做完的数学题,女儿要做

50分钟甚至更长。

家长听了老师的话,也是无计可施,不知道怎么办。

我告诉她,女儿做事效率低、拖延的主要原因是执行力的问题,原因有很多,比如不专心、注意力不集中、对某事不感兴趣等,只有找到原因才能对症下药,逐步提升其执行力。

事实上,执行力是每个女孩在成长过程中都应该具备的基本能力,随着时间的推移,父母的监督和指引减少,女孩这种来自大脑控制的能力会显得愈加重要,因为在不久的未来,它能够帮助女孩解决很多难题。

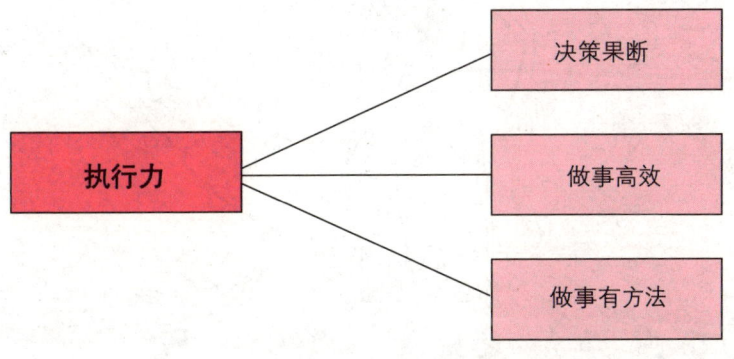

养育方法

第一,找明原因。女孩做事磨唧、执行力差是什么原因造成的?是不会做、不愿做、不敢做,还是时间问题?如果是不会做,请看第三条;如果是不愿做,是兴趣和心态问题,要加以引导调整;如果是不敢做,是缺乏勇气的表现;如果是时间问题,在安排合理的前提下,大多是贪玩或者注意力不够集中的问题。

第二,激励引导。培养促进女孩的执行力从来不是靠吓唬、威胁来达到的，而是正确的激励引导。比如数量相等的数学题，第一次女孩用了 30 分钟，父母可以说："哇，女儿真棒，我相信下次你一定还能够做得更快更准确。"曾有一位领导说过一句话我非常赞同，这句话是"没有人喜欢被教育"，这句话同样适用于教育女孩身上，所以，激励引导往往要比吓唬、威胁更有用、更阳光。

第三，培养正确的做事方法。做事效率低其实有很大一部分原因是没有掌握正确的方法和做事的技巧。比如有些女孩在做数学题时遇到不会做的会一直思考，从而浪费了大量的时间，到最后，后面一些会做的题目也没有时间做，给他人的直观感受就是做题效率低。所以，要想提升女孩的执行力，最重要的是教会女孩做事的方法、技巧和思路，掌握了方法、技巧和思路，做事必定事半功倍。

精要分享

　　提高执行力,不仅要在具体的事务中努力加以实践,也要在平时注重自身各方面能力的提升。始终保持一种迎接挑战、肩负使命的姿态,这样才有可能脱颖而出,得到人们的赏识。

　　就女孩来说,提高执行力,不仅要在具体事件中多加锻炼,更要提升做事的方法和技巧,始终对自己充满自信,这样就能慢慢养成良好的习惯,取得务实、高效的效果。

女孩成长导图

附 8-14岁：学习能力，这是女孩不断强大的根本

中国著名数学家华罗庚说过："自学，就是一种独立学习、独立思考的能力。"孩子的学习好不好谁说了算？或者说最重要因素是什么？

有人说是经验丰富的老师，有人说是教育资源雄厚的学校，有人说是氛围浓郁的学习环境，没错，这些都很重要，但最重要的还是女孩自己，她的学习能力直接决定着她的学习成绩。

锻炼孩子的学习能力	激发孩子的学习动机，有了动机，就有了兴趣，有了驱动力，就会进行深入研究和探索。那么，女孩的学习能力自然而然地大幅度提升，同时还能够在兴趣中无意识地掌握一些提升学习能力的方法。	方法一：向女孩展示学习的前景，提升女孩的学习信心。 方法二：激励。不断赏识孩子的进步，让孩子对学习保持新鲜感。
提升孩子的学习方法	高效做事有方法，学习也是有方法的，正确的学习方法省时省力，笨拙的学习方法既苦又累，所以，让女孩掌握学习的方法至关重要。	方法一：为女儿辅导作业时可运用多种方法、多种思路去引导解答，以此来开阔女孩的思路。 方法二：引导孩子与同学交流。如同职场中一样，很多解决问题的方法、创意等都是通过开会交流、启发而来的，学习他人，是提高自身能力的方式之一。

第八章

女孩品德成长导图

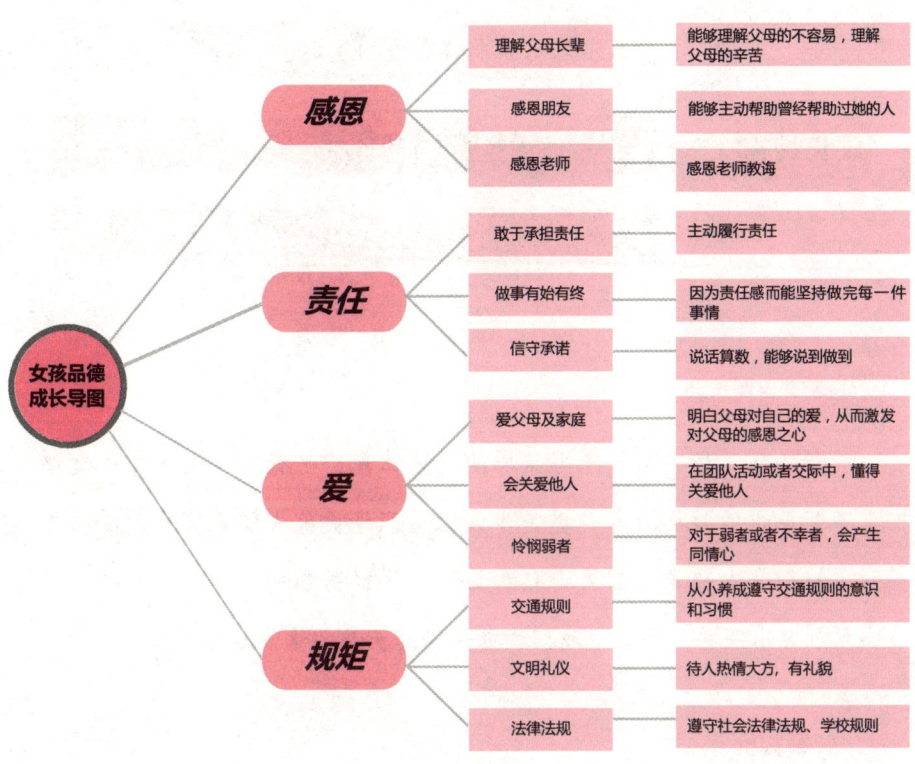

女孩成长导图

女孩要有一颗负责任的心

成长目标
1. 激发女孩敢作敢当的意识。
2. 培养女孩的家庭责任感。
3. 加强女孩勇于面对失败的勇气。

开篇导读

　　责任感，是一个人优秀品质的主要体现，是青少年未来成长之路上不断前进的重要素养，更是步入社会职场被他人赏识尊重的必备要素。特别是女孩子，如果女孩和男孩有同样强烈的责任心，女孩会显得更加突出一些。那么，我们该如何培养女孩的责任心呢？

故事赏析

　　有一个5岁的女孩，和妈妈一起去4S店看车，妈妈手机没电了，便将手机放在客户休息室充电。转了一会儿后，妈妈想上厕所。她对女儿说："妈妈要去上厕所，你在休息室给妈妈看着手机哦，不许离开，否则手机就会被别人拿走。"

女儿认真地点了点头说:"妈妈你去吧,我给你看着手机。"

其实,手机在休息室充电非常安全,因为那里有摄像头,妈妈之所以这样说,是怕女儿乱跑。

大概过了5分钟,爸爸来了,看到女儿一个人在休息室,得知妈妈去厕所后,爸爸说:"走,我带你去外边玩玩。"

女儿说:"不行,我们得看着妈妈的手机,不然会被别人拿走。"

父亲说:"没事,这里有摄像头,很安全的,不用看。"

女儿倔强地说:"不行,一定得看着,你也坐在这里看着妈妈的手机。"

可以看出,这个女孩很有责任心,对于妈妈交代的任务,即使爸爸进行干扰,她也能够坚持完成。

女孩的责任心要从小培养,从小事做起,以家庭生活为开头,而后辐射到社会的方方面面,让女孩的责任心逐步加强提升。

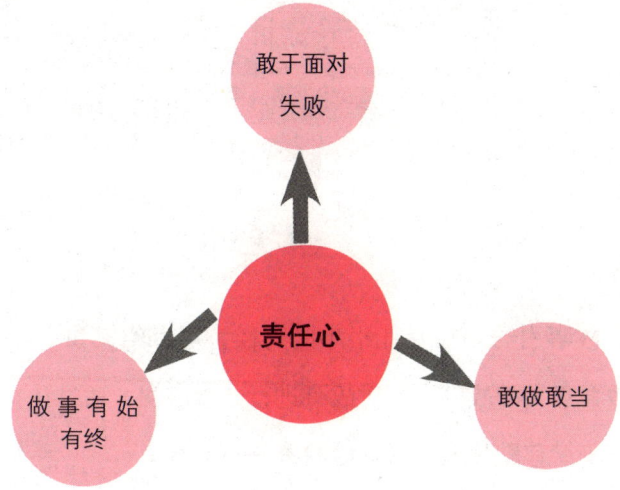

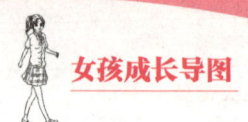

养育方法 >>

第一,责任心从做家务开始。从小给孩子分配一些力所能及的家务,并监督鼓励她独立完成,不要越俎代庖,要有始有终。每完成一件都是对责任心的一次培养和提升。

第二,责任承担。做错事要有勇于承担的勇气。比如女儿去朋友家里玩,不小心打碎了朋友家的花瓶,这时父母要带着孩子去道歉,并进行赔偿,让女孩明白,对于自己的过错造成的结果,自己要承担。

第三,故事引导。在女儿很小的时候,可以给其讲一些关于责任心的具有教育意义的故事,并对故事进行分析讲解。通过让女孩理解其中的道理,来潜移默化地去影响她的责任心。

第四,征求女儿的意见。父母可适当地与女儿分享家里的事情,对于一些问题,可征询女儿的意见,让女儿谈谈自己的看法,如此以往，会提升女孩对家庭的责任感。

第五，父母以身作则。 父母是女儿的第一任老师，父母的言行关系着女儿的言行，因为一个人的成长是从模仿开始，孩子模仿的第一对象通常就是父母。所以，我们要做有责任心的父母，积极承担家庭责任，不埋怨、不抱怨，为女儿做一个好的表率。

精要分享

《新众报》曾发表文章对孩子责任心培养进行了探讨，其中有一段是这样表述的："孩子的责任与担当意识需要在生活中的点点滴滴培养起来，在生活上有责任与担当意识的孩子，她会明确，学习和成长都是自己的事情。"

没错，只有女孩把自己的事情真正当成自己的事情后，她才能够更快地成长。

女孩成长导图

感恩能让女孩左右逢源

成长目标
1. 让女孩有爱心。
2. 让女孩对父母有感恩之心。
3. 让女孩懂得分享。

开篇导读

懂得感恩的女孩会活得更加健康快乐，如果孩子不懂得感恩，对父母漠不关心，对朋友无所谓，那么，将来她的人生会显得寂寞而孤单。现在的女孩生活条件较好，父母大多都比较溺爱，这会让女孩觉得父母对自己的好是理所应当，不但不懂得感恩，有时还和父母对着干。

故事赏析

不久前看了一个关于养育女孩的纪录片，视频开头讲的是一位母亲每天早上六点半起床给女儿做好早饭，收拾屋子然后去上班，八点半到公司开始一天忙碌的工作。每天中午要赶回家为女儿做饭，晚上拖着疲惫的身体下班后，还要做家务、做饭。

这样的生活虽然累，但她表示自己还能够承受，承受不了的是女儿对她的态度。她有一个8岁的女儿，上小学二年级，晚上做好饭之后，女儿吃两口便不吃了，还不满地说："妈妈，你就不能做点好吃的吗？"

妈妈说："最近我实在是太忙了，等周六妈妈给你做好吃的。再说了，你可要体谅我，不能再挑食了……"

正说着，女儿不耐烦地反驳："妈妈你别说了，让我静一会儿好吧！"

妈妈是一个内向的女人，女儿的不懂事，相对于工作、生活中的累来说，更加让她接受不了。

这个纪录片的最后给出了解决问题的方法，那就是培养女儿感恩的心态，带着女儿去看一些感恩的影片，让女儿去感受父母对儿女的爱，以及父母工作生活的不易。最后，女儿渐渐懂得了感恩，对母亲的态度也有了很大的转变。

首先，看完这个纪录片后我很感动，也很欣慰，因为女儿懂得了感恩，对母亲的态度变得更加友爱。这里可能你会问，单单通过观看感恩类的影片就能培养女孩的感恩之心吗？

当然可以！只不过对于不同类型的女孩效果不同，培养女孩的感恩之心需要从多方面入手，根据女孩的性格、习惯选择合适的方法。

女孩成长导图

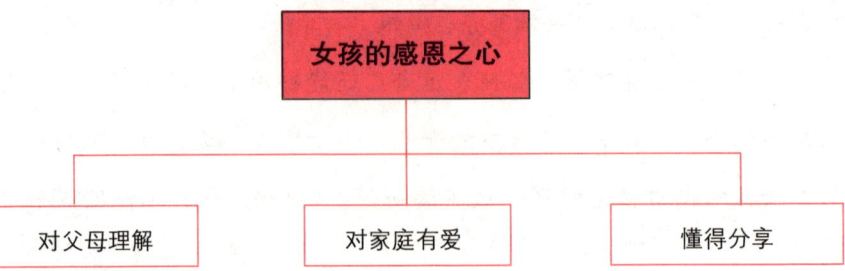

养育方法 >>

方法	意义
散养式	对于孩子自己能办到的事情不要干涉太多，否则就会让孩子觉得理所当然，把"自己的事情自己做"落实彻底。
享受式	好东西不要让孩子一人享受，要分享，即使只有一个东西，也要与家庭成员分享，因为孩子只知道享受，便很难在生活中考虑他人的感受。
苛刻式	对于孩子的要求不要"有求必应"，更不要"无求先应"，孩子合理的诉求可以满足，不合理的要坚决拒绝。
分享式	告诉孩子自己在生活中的一些苦恼，让孩子适度地感受父母的不易，能够有效激发孩子对父母的体谅与感恩。
表率式	父母对家里的老人要孝敬，让孩子看到父母对长辈的爱，从而起到言传身教的作用。
回报式	引导孩子主动对父母或长辈或帮助过他的人进行感恩回报，并进行鼓励，让孩子懂得付出，懂得回报。

第八章 女孩品德成长导图

精要分享

有一家媒体,曾发文《要加强孩子感恩教育》,文章中有这样两段话:

造成感恩之心缺失的原因很多,其中,一些家庭教育的片面性难辞其咎。如今的家长往往只注重孩子的学习成绩以及才艺的培养,而忽略品性行为的教育。此外,许多学校唯分数马首是瞻,学习成绩一俊遮百丑,感恩教育即使有,也是形式主义偏多。

感恩是赠与,是爱,能够激起人们爱的激情。感恩是一颗仁爱的种子,在孩子心中植下感恩,就会生根发芽,带来和谐美好的春天。只要心存感恩,寸草亦能报春晖!

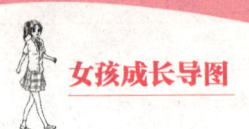

女孩成长导图

告诫女儿，有些东西绝不能"碰"

成长目标
1. 认识"黄赌毒"的严重危害。
2. 培养抵制诱惑的定力。

 开篇导读

作为成年人，我们都知道，危害社会稳定、毒害青少年最严重的三大毒瘤是"黄赌毒"，相信我们看过很多影视作品，特别是毒品和赌博，结果往往是妻离子散，家破人亡，害人害己。特别是女孩子，面对的诱惑要比男孩子多一些，所以，当女孩到一定年龄后，我们要时刻告诫她，任何时候都要远离"黄赌毒"。

故事赏析

记得在我上学那会儿，大概是在初二的时候，班里有一个女孩性格外向，有点像假小子，在班里很活跃。班里还有一个男孩，整天旷课睡觉，如同街头小混混一样。不知道什么原因，这个假小子和这个男孩经常在一起玩。

直到有一天,这个女孩的父母突然闯进我们教室,气势汹汹地要找这个男孩,而当天这个男孩正好没有来上学。随后班主任赶到教室,将女孩的父母带到了办公室。

当时,我们都不知道发生了什么事,后来才慢慢听知情人说,这个男孩经常赌博,自从假小子和这个男孩关系好起来后,也被男孩经常带着去赌博,最后越输越多,而且这个女孩偷家里的钱和男孩一起赌博,最后被女孩父母知道了,所以才气势汹汹地来到学校。

这是一个真实的故事,虽然年代久远,但却充分说明了赌博是一种害人害己的活动,任何时候都不能参与。

同时还说明,身边的损友一定要远离,如同故事中的女孩,女孩本身并不坏,只是被有赌博恶习的男孩带坏了。

我们来看看黄赌毒的基本危害:

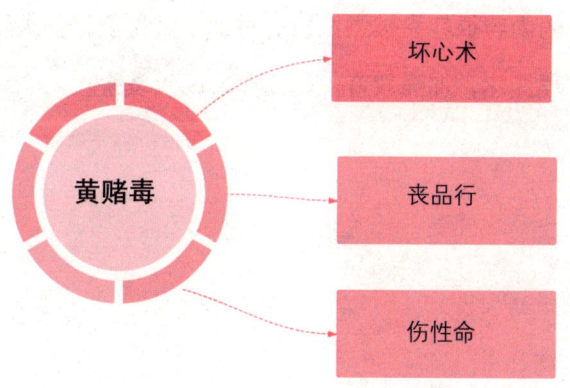

养育方法》

我们该如何对女孩进行"黄赌毒"方面的教育呢?

第一,间接性教育。关于告诫类的教育培养,最好的方式是先通过影视、图书等方式让女孩了解,然后在女孩

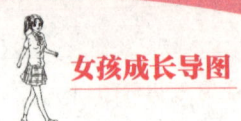

疑惑或好奇的情况下，对其进行道理说明并严肃告诫，这样的教育方式要比开门见山的说教更容易让女孩接受。比如先带女儿观看一个相关类别的教育影片或书籍，而后进行解读性的告诫。

第二，注意观察女孩身边的朋友。女孩14岁左右后，要时刻注意她身边的朋友，我们除了让女孩远离"黄赌毒"外，还要远离损友，提升自我保护意识，避免被损友带坏。

第三，告诫女孩"黄赌毒"带来的后果。用事实告诉女孩，赌博会让人倾家荡产，毒品会造成精神障碍、会让人产生幻觉等，通过说明一些不良行为导致的严重后果来告诫女孩不可越雷池半步。

精要分享

其实，当代环境下的"黄赌毒"，最容易让女孩接触并受到严重影响的是网络，因为难以监管的原因，此方面的内容很容易被浏览到。对此，父母要时刻关注孩子的心理变化，加强教育，莫让女孩误入歧途。

节俭是美德，从小须培养

成长目标
1. 树立并强化节俭意识。
2. 理解食物的来之不易。
3. 引导孩子认识父母工作赚钱的艰辛。

开篇导读

节俭是中华民族的传统美德，是对劳动成果的珍惜和对劳动者的尊重。在中国的传统文化中，节俭是一种美，是一种好的生活状态。然而在当下，随着生活水平的提高，浪费现象随处可见。女孩在家里是高贵的小公主，每个父母都想把最好的给孩子，比如给予足够的零花钱，足够的零食，足够多的文具和化妆品等，无形中让孩子觉得这些东西都是很容易得到的，随意破坏丢失，养成了浪费的不良习惯。

故事赏析

曾看到过这样一则新闻，说在某小学里，教师和校工每天都会捡拾到一些物品，大到外套，小到铅笔、橡皮、文具盒等，一学期下来

堆满了一个屋子。学校曾多次通过广播通知学生去认领,可不管是低年级的还是高年级的学生,都无一去认领。

后来学校开家长会,校长在会中提到了这件事,希望家长在家长会结束后带着孩子去认领,最后,只有少数几位家长带着孩子去认领。

从这个案例可以看出,孩子不懂得节俭,并不是孩子不懂事,而是与父母的观念及教育有很大的关系。

"锄禾日当午,汗滴禾下土,谁知盘中餐,粒粒皆辛苦。"我们都耳熟能详,一粥一饭都来之不易的道理我们都懂,可很多家长都不能完全将这一观念传递给孩子,为什么?因为生活好了,因为溺爱!

没错,我们的生活是好了,不愁吃穿,生活质量不断提高,但节俭的美德绝不能丢,因为这是一个人品质的体现,甚至关系到一个人未来的生活状态。

培养孩子良好的节俭习惯,有利于孩子将来建立良好的生活习惯。

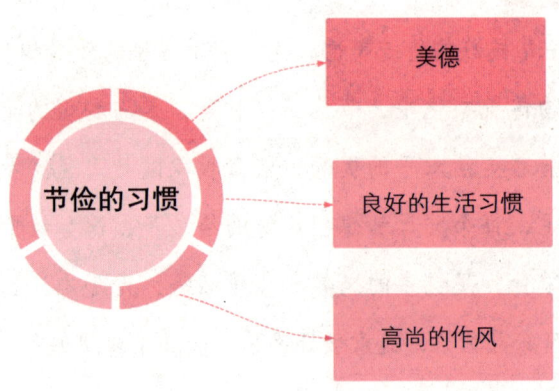

第八章 女孩品德成长导图

养育方法

第一，**故事引导**。与女孩分享一些勤俭持家、困难时期的故事案例，让女孩认识粮食的珍贵，各种物品资源的来之不易。

第二，**细节入手，实践培养**。从生活习惯开始，培养孩子节俭的习惯。比如爱惜粮食，碗里的米饭要吃干净；随手关灯，节省电能；节约用水、爱护物品等。

第三，**自我真实展现**。让孩子了解自己的工作，认识工作的不易、赚钱的不易，如果有条件可以带孩子去工作地方观看，让孩子明白金

钱虽然可以买东西，但金钱是用汗水换来的。有些家长觉得这样做会让孩子自卑。但我不这样认为，与其给孩子虚构的幸福满足，不如让孩子了解真实的世界。

第四，游戏引导。 可以与孩子玩"小丫头当家"的游戏，比如给孩子一些零花钱，让孩子去规划这一天的生活费等，通过游戏让孩子树立正确的金钱观，学会如何把钱用在刀刃上，改掉浪费的不良习惯。

精要分享

　　一位儿童教育专家曾在媒体采访中表示，对学生节俭意识的培养，更重要的是在日常生活中培养起的一种习惯。我们不应该把教育与习惯的培养割裂开来，学生们只要养成了一种良好的生活习惯和懂得节约的品质，不管何时何地都会懂得节约。在家中"光盘"的孩子，在学校一定也不会有浪费的习惯。因此，我们应该在日常生活中培养学生的理念和习惯。

　　节俭的生活习惯，是父母给孩子最大的财富。

第八章 女孩品德成长导图

爱心是女孩身上最高贵的品质

成长目标
1. 对弱者有怜悯之心。
2. 有对需要关爱的人给予帮助的冲动。

开篇导读

因为有爱,世界才会变得更加精彩,生活才会变得更加幸福,心情才会变得更加舒畅。爱心不仅是中华民族的传统美德,更是将来步入社会与他人合作的基础,没有了爱心,未来与他人合作的概率就会减小,生存发展就会受到阻碍。因此,对女孩的爱心教育是品德教育非常重要的一部分。

故事赏析

我有一个小侄女,在她5岁放暑假的时候,到郑州找我们玩,那次,小侄女和妈妈开心地住了一个月左右。期间发生了这样一件事情让我印象深刻。

女孩成长导图

那是小侄女刚到郑州的第二天,我带她坐地铁去二七塔玩。由于我们上车早,地铁上是有座位的,当车走了四五站后,上来了一位头发花白的老大爷,因为没有座位,就站在了我们对面。

我指了指大爷对小侄女说:"你看那位爷爷年龄比较大,站着也不安全,我们把座位让给他好吗?"

小侄女很懂事,马上同意了我的建议,我们站起来将座位让给了大爷。那一次,我和小侄女玩得很开心。

20多天后,我出差回来,带着小侄女坐公交去朋友家,车走到一半的时候,上来了一位年龄较大的大妈,还没等我说话,小侄女马上开口说:"姑姑,我把我的座位让给奶奶,我们俩坐一个座位吧。"

我立即向小侄女竖起了大拇指。

"爱心"是人类社会不可缺少的重要元素,从这个故事可以说明:

第一,女孩是非常乐意奉献爱心的,比如曾听过一个新闻,在汶川大地震的时候,有个小女孩主动将自己的零花钱全部捐给了灾区。

第二,女孩的爱心需要激发、培养和发展。对于一个人来说,爱心并不是天生就有的,而是在社会发展的需求下后天培养而来。所以我们在指责女儿没有爱心的时候,先问问自己是否培养引导了女儿的爱心,如果没有,那就是你的错。

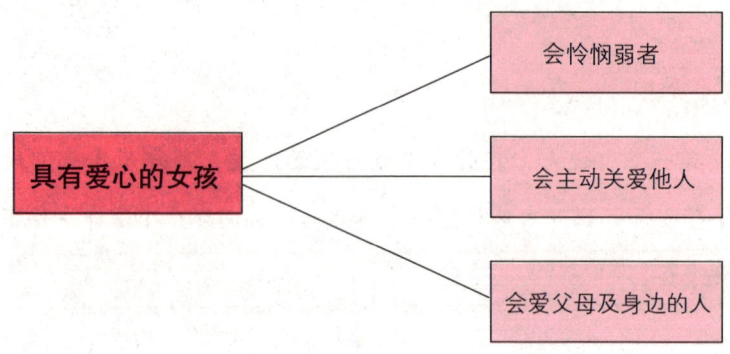

养育方法

第一,从爱亲人开始。苏联教育家苏霍姆林斯基说:"如果一个小孩没有学会爱自己的亲人,将来会成为一个铁石心肠的人,这样的人是不能爱人民,不能忠于崇高理想的。"

所以,我们要从先培养女孩爱长辈开始,如饭做好之后,女孩能够先叫爷爷奶奶吃饭,有好吃的女孩能够主动分给爸爸妈妈,在爸爸妈妈下班回家后,能够主动捶背按摩等,这些都是对父母爱的表现。

第二,从爱朋友发展。告诉女孩,要爱自己的朋友,这样朋友才能爱你,彼此友谊才能地久天长更加稳固。同时让女孩体会爱朋友带来的好处,是否朋友更加喜欢和她玩了,是否她更受大家喜欢了等。通过分析探讨,将爱心延伸。

第三,从爱需要帮助的人升华。社会要和谐,要发展,就离不开

互助互爱，离不开我们的爱心。我们可以看到，如今，不管是网络上的援助救助捐款活动，还是现实生活中陌生人之间的让座，这样的小事似乎已经成为一种习惯，对此，我们要引导女孩在能力范围内献爱心，来弘扬正能量，升华女孩的爱心。

精要分享

教育家马卡连柯说："爱是一种伟大的感情，它总是创造奇迹，创造新的人。"

附　8-14岁：正确的价值观引导女孩高贵的品德

对于如何培养女孩健康成长，每个家长都有自己的育儿经，方法不同，但最终的方向是一致的，那就是树立女孩正确的价值观。

价值观决定女孩看待事物的重要程度，决定了什么事情在女孩心中是有意义的，什么是无意义的，什么是对的，什么是错的。正确的价值观如同女孩发展路上的灯塔，会引领女孩正确远航。反之，会给女孩带来无尽的烦恼。那么，树立女孩正确的价值观应该从哪些方面做起呢？

第一，金钱价值观。君子爱财，取之有道。

第二，自强价值观。靠自己的双手赢世界。

第三，诚信价值观。诚信做人，敢做敢当。

第四，纪律价值观。按照规定行事，守规矩。

第五，关爱价值观。关心他人，有同情心。

……

通过本章品德内容的学习，相信女孩已经有了判断是非的能力，甄别对错的能力，只要我们的价值观正确，除以上几个方面外，父母还可以罗列出众多方面来进行引导。

价值观，即人生的方向。心中不同的价值观会产生不同的行为模

式,不同的行为模式会造成不同的结果。要想健康快乐地成长,就必须按照正确的价值观行事。举一个例子,如果女孩是一棵大树的话,那么价值观就相当于树干;如果树干挺拔结实,那么,就能抵挡足够大的风雨。

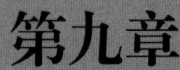

女孩思维成长导图

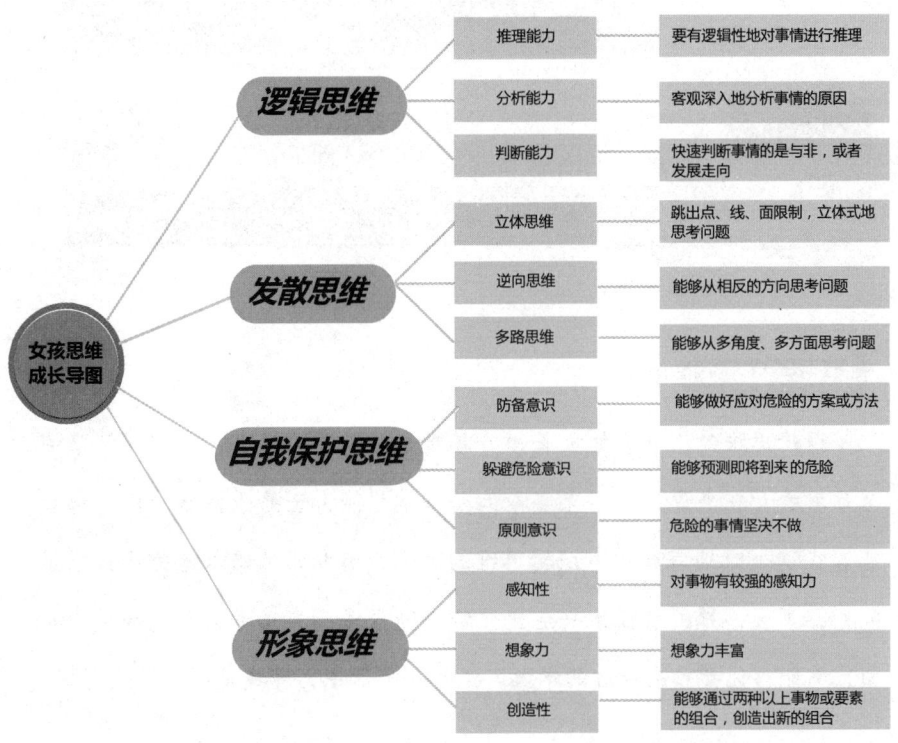

逻辑思维	推理能力	要有逻辑性地对事情进行推理
	分析能力	客观深入地分析事情的原因
	判断能力	快速判断事情的是与非，或者发展走向
发散思维	立体思维	跳出点、线、面限制，立体式地思考问题
	逆向思维	能够从相反的方向思考问题
	多路思维	能够从多角度、多方面思考问题
自我保护思维	防备意识	能够做好应对危险的方案或方法
	躲避危险意识	能够预测即将到来的危险
	原则意识	危险的事情坚决不做
形象思维	感知性	对事物有较强的感知力
	想象力	想象力丰富
	创造性	能够通过两种以上事物或要素的组合，创造出新的组合

女孩成长导图

逻辑思考，女孩快速反应的基础

成长目标
- 1. 构建女孩逻辑思维模型。
- 2. 提升女孩逻辑思维能力。

开篇导读

逻辑思维对于女孩的成长提升具有十分重要的意义，尤其对于3岁至6岁的女孩来说，这个年龄段的女孩学习能力正处于鼎盛阶段，如果能够在这个时期完善女孩逻辑思维的模式，有意识地培养她的逻辑思维能力，那么，她的智商水平会比同龄人高很多，在思考方面也会更加全面，更能够让女孩在今后的学习、工作及生活中，养成良好的思维习惯。

故事赏析

如今，我身边很多朋友基本上都是两个孩子，其中有一个朋友小李，有一个4岁的儿子和一个3岁的女儿，都在上幼儿园。近期由于疫情的原因，幼儿园处于停课状态，小李的公司因为疫情被迫在家办公，

第九章 女孩思维成长导图

所以，她每天在家一边工作一边带孩子。

之前两个孩子都是婆婆带，因为幼儿园放假，自己也居家办公，婆婆说要回老家住一段时间，便回了老家。没想到自己只带了两天，两个小家伙就让她头疼不已。

这一天，两个小家伙和邻居家3岁的孩子一起去楼下玩，上来的时候，两个小家伙的衣服、鞋子全是土，而邻居家的孩子身上较为干净，这让小李非常恼火。于是将两个小孩叫在一起，问道：知道妈妈为什么不高兴吗？

两个小孩支支吾吾说不出原因，最后哥哥说：因为我们惹妈妈不高兴了。

这时，站在一边的邻居小女孩说：因为你们把衣服搞脏了，所以妈妈才会不高兴。

这让小李很是吃惊，显然，这个邻居女孩的逻辑思维要胜于这两个小家伙。抱着好奇的心理，小李问了邻居小朋友的妈妈，原来，邻居妈妈一直在有意识培养女儿的逻辑思维能力。

有人说，逻辑思维能力是一个人所有能力的桥梁，这是有一定道理的，因为它能够将一个人所有的能力整合在一起，并且进行合理衔接配合，能让女孩更明白事物之间的因果关系，做事更加有条理。

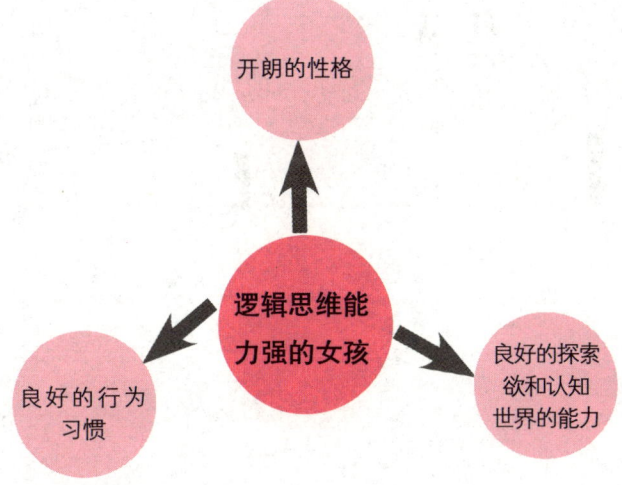

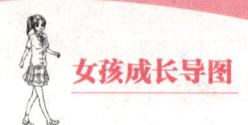 女孩成长导图

养育方法 >>

第一，筛选训练。在女孩小的时候，可以通过一些小事培养孩子的逻辑思维能力，比如让孩子自己去收拾散乱的玩具，把玩具分类摆放，玩具枪类、积木类、汽车类等，还可以让孩子通过颜色进行分类收纳。通过此种方式从小培养孩子的逻辑思维能力。

第二，时间、空间概念认知。女孩在小的时候很难理解10分钟是多久，30分钟是多久，因为不理解，所以逻辑思维就会遇到障碍。对此，我们可以用一些孩子能够理解的事例提升孩子对时间、空间的认知。比如告诉女孩：一集动画片是20分钟，妈妈接你从幼儿园回家需要10分钟等。

第三，逻辑推理训练。 很多孩子都喜欢看动漫《名侦探柯南》，而这部动漫对孩子最大的好处便是能够锻炼逻辑思维能力，因为推理是这部动漫的最大特点。此外，我们还可以通过提问的方式引导孩子进行推理思考，来培养女孩的逻辑思维能力。

第四，数学基础认知。 数学本身就具有非常强的逻辑性，从小培养孩子对数字的概念，早期进行简单加减法的锻炼，比如爬楼梯的时候数台阶，都能够为女孩的逻辑思维能力发展奠定良好的基础。

> **精要分享**
>
> 在 2012 年教育部颁发的《3-6 岁儿童学习与发展指南》中，关于科学领域，教育部学前教育专家指导委员会负责人这样介绍：幼儿的数学学习应注重在生活和游戏中感知数学的有用和有趣，初步理解数量关系、形状与空间关系，培养初步的逻辑思维能力。

女孩成长导图

女孩要时刻具备自我保护意识

成长目标
1. 能够自我识别危险。
2. 时刻具有自我保护的意识。
3. 掌握基本的自我保护方法。

开篇导读

女孩的安全和健康是父母最为关心的大事,一旦出事,可能会让我们痛不欲生。而且,女孩遇到危险的概率要比男孩大一些,生活中相关案例屡见不鲜。小的方面如被门缝夹伤、被开水烫伤、危险动作摔伤等,大的方面被陌生人拐骗、欺骗等。因为大人无法时时刻刻陪在女儿身边,所以,我们要尽早培养孩子自我保护的意识。

故事赏析

7岁的小花参加班里组织的夏令营活动,活动是在郊区的一个草坪上进行的。因为这里没有车流,所以大家都在自由活动。

小花第一次来到野外活动,对很多花花草草都非常好奇。突然一只

第九章 女孩思维成长导图

蝴蝶飞到了小花的面前，小花饶有兴趣地开始追蝴蝶，追呀追呀，不知不觉离开了大本营，四周没有任何同学，更听不到同学的玩耍声。

小花慌了，但她马上冷静了下来，因为老师说过，如果迷路，千万不要慌张，一定要冷静思考。随后，她开始认真回忆来时的路，然后往回走。走着走着终于听到了同学的笑声。就这样很快回到了来时的那条小路，找到了大本营。

迷路是孩子经常遇到的问题，除此之外，生活中的危险还有很多，比如电、火、水等，培养孩子的自我保护意识关键是让孩子知道什么事是危险的，不能干；什么事自己可以做，形成自我远离危险的意识；尤其是在陌生环境下，面对陌生人的搭讪，能够理智思考，具有防范心理。

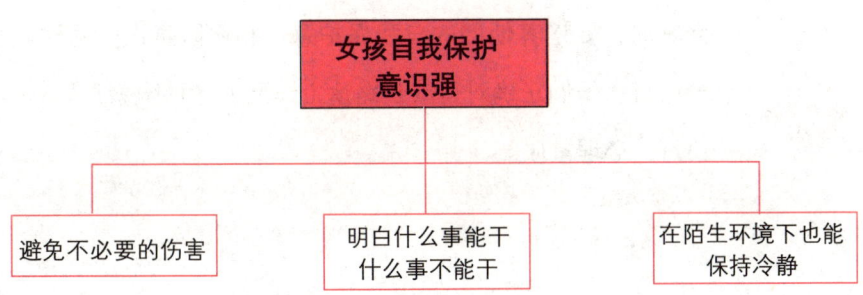

养育方法

第一，培养孩子的日常生活安全意识。 从小告诉女孩，不能玩火，插座、电器不可以碰，不能给陌生人开门，远离建筑工地，不跟陌生人走，不吃陌生人给的东西，大人不在身边时，不下水游泳，遵守交通规则，遇到紧急事件要打报警电话等，这些常识是孩子安全的基础，父母可根

据经验对孩子讲解安全知识。

第二，亲子共同学习、认知。如果第一条是知识灌输的话，那么，这一条我们要结合实际与孩子共同探讨认知。比如通过与孩子一起看书、看视频的方式，认知危险的存在，用游戏模拟的方式，让孩子了解自我保护意识的重要性，以及掌握正确的自我保护和自救措施。

第三，教会孩子懂得反击。当女孩到达一定年龄后，告诉孩子如果被冒犯，在保证自身安全的情况下要勇敢地站出来进行反击。

精要分享

保障孩子们的安全，需要家庭教育、学校教育和社会教育发挥更好的作用。要防范那些可能危及孩子成长的安全威胁，要培养他们的自我保护意识和避险意识。同时，要引导孩子们正确对待成长路途上遇到的各种困惑，培养良好的心理素质。

第九章 女孩思维成长导图

天马行空，打破定势思维，培养发散思维

成长目标
1. 培养孩子的想象力。
2. 塑造女孩发散思维模式。

 开篇导读

发散思维是一种开放性的思维模式，它就像黑夜里的一堆篝火，可以向四面八方散射；思考者可以从不同的角度、不同的方向看到不同的答案。一个女孩如果具有发散思维，那么，她解决问题的能力会更强，克服困难的能力会更强，同时，也会更加聪明。但是，很多家长往往忽视了女孩的这一行为，认为女孩是在胡思乱想，从而阻碍了女孩发散思维的发展。

故事赏析

有一次，我带孩子去上绘画课，刚好碰到绘画班的老师在广场招生，就停下来看了一会儿。

女孩成长导图

一位绘画老师对围观的一位孩子妈妈说：大姐，您可以带孩子过来免费听一下试听课，如果孩子感兴趣再考虑报名。

这位大姐坚定地说：我们家闺女不是这块料啊！

老师奇怪家长怎么会这样说自己家孩子，问道：您怎么会这样认为呢？

家长有点生气地说：你是不知道，我们家闺女5岁了，不知道整天在想什么，有一天她画了一张画给我，说是送给我的礼物，我打开一看，就简单地几条五颜六色的线，还告诉我这是彩虹，你说她哪有绘画的天赋啊！

老师耐心地说：说真的，我觉得您家的孩子想象力非常丰富，在绘画上有很大的天赋。

听到这里我便离开了,最后也不知道老师是否说服了这位母亲。其实,很多家长对孩子都有类似的误解,总是用成人的眼光来评价孩子的内心,在孩子对世界认知甚少时,她画的画、解决问题的方法如果我们看不懂,这很正常,因为这是孩子真实的心理,也是孩子发散思维成长培养的最佳阶段。

对于孩子的创造性作品或者建议,家长请不要轻易否定,只要孩子能够有逻辑地解释,那么,就说明是正确的、合理的,应该引导孩子进行更有广度的思考。

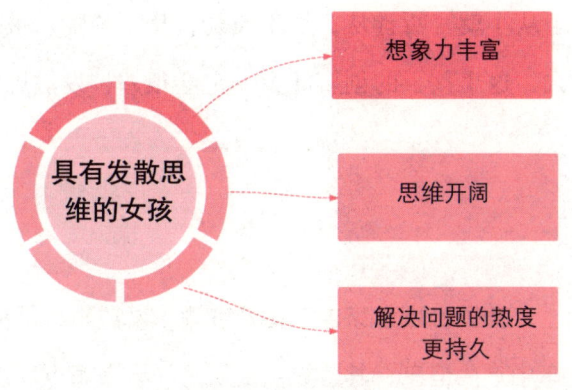

养育方法 >>

那么,我们该如何培养女孩的发散思维呢?

第一,问题引导。 心理学家布鲁纳说:向孩子提出发散性问题,可以引导孩子发展智慧。没错,问对问题,可有效构建孩子的发散思维模型,这个方法我们可以随时随地进行,比如在日常生活中我们可以指着杯子问:你知道这个杯子是做什么的吗?

孩子会说:喝水用的。

我们可以继续问:开动你的小脑筋,除了喝水,它还能做什

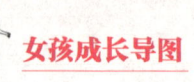

么呢？

注意，问题一定是开放式的，目的是引导孩子开动大脑，开阔思维。

第二，多答案求解法。事实上，有些问题会有很多种答案。如同一道应用数学题，有很多种解答方法一样。我们要及早树立孩子的这个观念，鼓励孩子进行发散思维找答案。切不可认为老师说的就是对的，就是唯一答案，这样只会固化孩子的思维，限制孩子思维发展。

第三，敢于质疑。质疑不是为了反对，而是为了更加积极地思考。如果一个孩子从小就言听计从，从不质疑，从不顶嘴，被认为是好孩子的话，那么，这个孩子的创新能力一定会很差，发散思维能力一定会很低。

精要分享

美国心理学家吉尔福特曾说：发散思维是从给定的信息中产生信息，其着重点是从同一个来源中发现各种各样的信息，可能产生及转换的作用。

作为家长，如果我们只是按照某一标准，比如成败来断定女孩是否优秀，那么，我们就很难发现女孩身上的闪光点，相反，如果我们能够有意识地培养女孩的发散思维，让女孩具备创新能力，那么，她成功就会有更大的可能性。

观察+思考,提升女孩的形象思维

成长目标
1. 认识形象思维。
2. 构建形象思维模型。
3. 培养并提升形象思维。

所谓形象思维,是指借助于事物的形象和表象来实现对事物的概括性认识,其特点自然离不开形象。通常来说,男孩和女孩的思维方式有所不同,女孩更擅长形象思维,男孩更擅长抽象思维。所以,从小培养女孩的形象思维,这是女孩的优势之一。

故事赏析

记得有一次做研学旅行,我带的一个团大多是一年级的学生。我们参观了动物园,看了马戏表演,结束后回到教室进行分析提炼。

为引导孩子们的想象力,我问学生:在动物园我们看见了猴子,你们觉得猴子可爱吗?

当时有很多学生举手，我选了一位男孩回答。男孩说：我觉得猴子既聪明又灵活，很可爱。

然后我又从举手学生当中选了一位女生回答，女孩说：猴子很可爱，但是猴子的尾巴那么长，如果它去表演钻火圈的话，它的尾巴会不会被点着啊？

看吧，这就是男孩和女孩的差异，男孩的回答直截了当，而女孩的回答更加形象化，而且会进行组合思考。如果从大脑的构造来解释的话，这是因为女孩的左脑要比男孩的左脑发达，这也造成了女孩的形象思维要比男孩强。

我们对形象思维进一步通俗地解释，比如我们看到大海后，女孩可能会想：大海就像铺在地面上的大理石，大海的蓝色就像是巨大的蓝屏障，而男孩看到的可能就是一片蓝色的水。

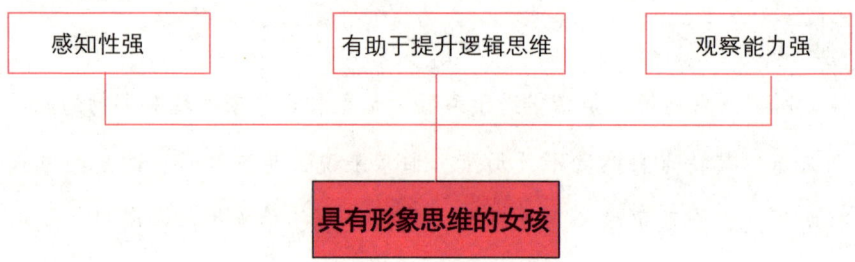

养育方法

既然形象思维是女孩天生的优势，那么，我们该如何培养并充分发挥这一优势呢？

第一，连环画训练法。 连环画不同于一般的故事书，它具有更强的连续性，且图文相对应。这可使女孩在阅读的过程中进行形象的思考，有逻辑地延续。我们可以让孩子通过第一张图的故事想象下面一个故事会是怎样，或者根据文字想象图片会怎么画等。

第二，感知培养法。通过声音、色彩、图像等真实的展示让孩子去感知，想象表象背后的样子。比如给孩子听一种鸟叫声，让孩子通过鸟鸣，感知鸟的样子，或者给孩子听男孩的声音，通过声音去感知男孩的样子等，这些方法都可以锻炼孩子的形象思维。

第三，情景创设培养法。所谓情景创设，就是搭建一个环境及故事梗概，让孩子想象之后会发生的事情。比如你可以说：一只老虎和一只猫在森林中相遇，你认为老虎和猫各自会做出怎样的反应？

精要分享

对于孩子的想象力，鲁迅先生曾这样说过："孩子是值得敬服的，他们常常想到新月以上的境界，想到地面以下的情形，想到花卉的用处，想到昆虫的语言，他们想飞上高空，他们想潜入蚁穴。"无须争辩，想象可以说是我们人类智慧中不可或缺的属性。想象力还直接关系到孩子创造力的发展，现实生活中的许多发明创造都是从想象开始的。这也就是大科学家爱因斯坦为什么会说"想象力是思想的火花"的原因。

附 8-14岁：释放女孩探索的天性，养成善于思考的习惯

在苏格拉底的教育理念中，有一个非常显著的特点，那就是培养孩子的思考力，思考力是女孩思维健康成长的动力，是智力提升的关键，培养女孩善于思考的习惯，能够提升女孩的眼界以及高效地解决问题的能力。那么，我们该从哪几个方面着手呢？

第一，有些问题，让孩子自己去解决。 作为父母，我们都有这样的体验，当女孩遇到问题后，都会向父母要答案，而很多家长也会给出答案或者解决方法。无疑，这样做一方面会影响女孩动手能力的提升。另一方面，会阻碍孩子探索的天性，不利于思考习惯的养成。所以，当孩子遇到问题向家长寻求答案时，家长不要马上告诉孩子答案，要引导孩子自己去思考，通过与孩子一起寻找答案，来培养孩子的思维习惯。

第二，鼓励孩子表达自己的观点。 如果女孩的观点和你的观点相冲突，请不要一味地认为女孩这是叛逆，是不听话，然后就要进行严肃教育。这是一种非常错误的做法。正确的做法是，首先我们应该感到高兴，因为她会独立思考了；其次，我们可以以此为契机，在鼓励孩子表达自己观点的同时，深入探讨，有理有据达成观点一致。即使最后不能达成一致，我们也要表扬孩子提出的不同观点。

职场中有一句话叫：什么事都不做的人永远也不会犯错。女孩有不同的观点说明其在思考，尤其是在女孩小的时候，这个习惯非常可贵。

第三，游戏培养。凡事都有两面性，游戏可能会让孩子上瘾，占用孩子学习的时间，但也能培养孩子善于思考的习惯。比如我自己经常玩一些游戏，一方面是为了放松身心，一方面也是为了保持良好的思考习惯。对于女孩来说，一些益智类游戏对培养孩子思维习惯有很好的作用，比如拼图游戏、找不同游戏等。

所以，家长不要谈到游戏就担心女孩学坏，适度的游戏，选择正确的游戏，可以让孩子在玩中学到知识，也能培养大脑的思考习惯。

第四，激发孩子的探索兴趣。兴趣永远是最好的老师，做感兴趣的事，即使身体累点，心情也是愉悦的，相反，做不感兴趣的事，即使身体很轻松，心却很累。显然，从学习效率角度讲，前者要优于后者。更重要的是，前者总能够让人愿意并积极地去思考，而后者总是想逃避。

所以，激发女孩探索的兴趣，让女孩在兴趣中做事，也能保持良好的思维习惯。

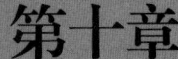

女孩"逆商"成长导图

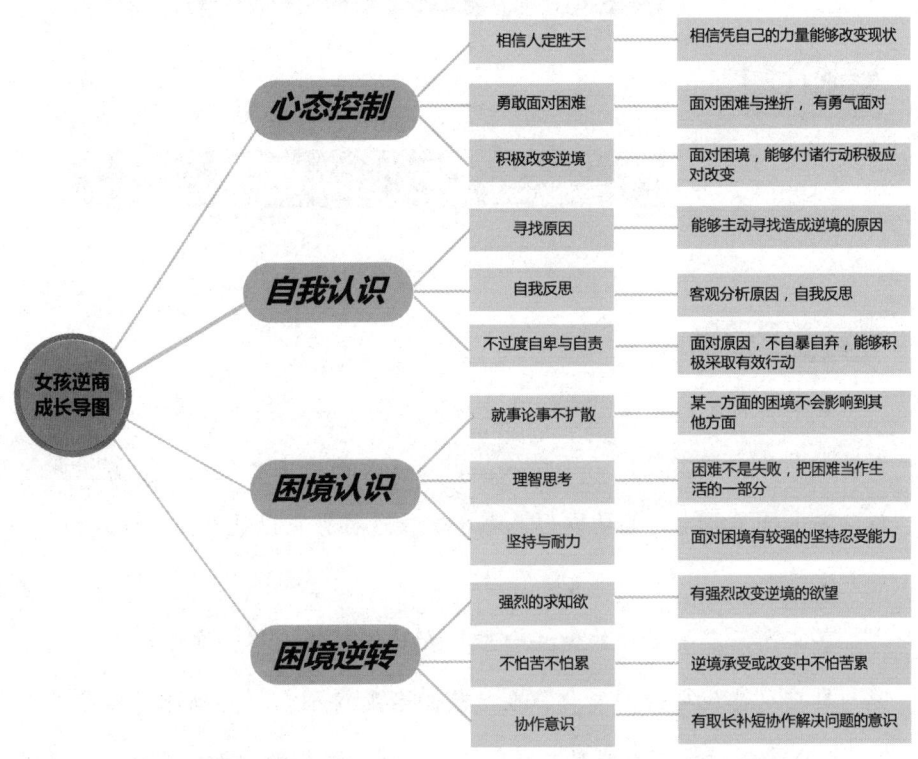

女孩逆商成长导图			
	心态控制	相信人定胜天	相信凭自己的力量能够改变现状
		勇敢面对困难	面对困难与挫折,有勇气面对
		积极改变逆境	面对困难,能够付诸行动积极应对改变
	自我认识	寻找原因	能够主动寻找造成逆境的原因
		自我反思	客观分析原因,自我反思
		不过度自卑与自责	面对原因,不自暴自弃,能够积极采取有效行动
	困境认识	就事论事不扩散	某一方面的困境不会影响到其他方面
		理智思考	困难不是失败,把困难当作生活的一部分
		坚持与耐力	面对困境有较强的坚持忍受能力
	困境逆转	强烈的求知欲	有强烈改变逆境的欲望
		不怕苦不怕累	逆境承受或改变中不怕苦累
		协作意识	有取长补短协作解决问题的意识

女孩成长导图

小孩之间的矛盾，让孩子自己去解决

成长目标

1. 具有自己解决与朋友之间矛盾的意识。

2. 掌握解决矛盾的方法。

开篇导读

女孩在成长的过程中，经常会与他人发生各种各样的摩擦、矛盾，面对女孩和小朋友之间的不愉快，很多家长都会主动介入帮助孩子调解，来保持小朋友之间的友好关系，觉得这样做可以让女孩更受欢迎，更快乐。

事实上，家长类似的做法会造成女孩依赖的人格，在以后的生活中，更难以适应环境的变化，在社交中会变得不合群。也许，父母暂时的介入会保持女孩与朋友之间良好的关系，但如果女孩自己不会处理矛盾，一味地依靠父母，很容易被身边的朋友孤立。

第十章 女孩"逆商"成长导图

故事赏析

在我身边发生过这样一个真实的故事。我家孩子上二年级的时候,班上有一位女孩的书不见了,怀疑是被同桌拿走了,于是非常不客气地指着同桌问:"是不是你拿走了我的书?"

同桌说:"我没有拿,你不要冤枉我!"

女孩不依不饶地说:"早上你还借我的书了,你没有还给我。"

同桌说:"我还了,当时我放你桌子上了。"

……

就这样,说着说着两人在教室就要动手,幸好老师及时赶到教室,对她们进行了批评。

晚上女孩回家后,觉得很委屈,便向妈妈说了事情的经过。妈妈看到女儿在学校受了委屈,非常生气。第二天,妈妈便怒气冲冲地跑到女孩的教室,指着女孩的同桌怒吼道:"你是不是打我家的孩子了?你为什么要打人?"

小孩子哪见过这样的阵仗,吓得不敢吱声,其他小朋友在旁边小声说:"阿姨,她们没有打架,只是吵架了。"

妈妈呵斥道:"你们闭嘴,告诉你们,以后你们谁敢欺负我家女儿,我跟你们没完。"

最后,在老师的劝阻下这位家长才离开了教室。

事情的最终结果是,从此之后这个女孩没有和任何孩子发生过矛盾,只是几乎所有的同学都不再和她说话,她每天都是形单影只。

女孩在小的时候与他人发生矛盾,作为父母,不可一味地认为都

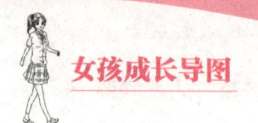

是对方的错,觉得自己家的孩子受了天大的委屈,必须找对方算账。父母的心情我们可以理解,不管是谁的错,我们可以进行指导,告诉孩子解决矛盾的方法,但不可深度介入到矛盾当中,否则会让孩子丧失掉必备的"社会技能"。

当父母鼓励孩子自己去解决矛盾的时候,是对孩子社交逆商的一种训练,当有了第一次自己成功解决矛盾的经验后,那么,第二次、第三次……孩子也能够勇敢面对,轻松维护与朋友之间的关系。

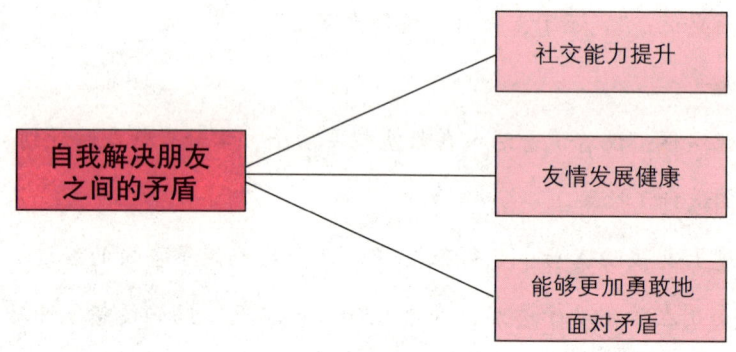

养育方法

对于孩子之间的矛盾,我们要做的不是为她们解决矛盾,而是引导她们学会解决矛盾的方法,让女孩在一次次的矛盾解决中提升能力。那么,我们该如何培养孩子的这种能力呢?

第一,引导孩子认识发生矛盾的根源。首先,我们要引导女孩,学会分析产生矛盾的原因。很多孩子因为年龄小,通常是站在自己的角度考虑问题,所以觉得自己很委屈,很受伤。其实,如果能够站在对方的角度去考虑问题,那么,对矛盾可能会有更加深入的认识和理解,更能客观地认知产生矛盾的原因。

第二，引导孩子解决矛盾的方法。我们不能替代女孩解决矛盾，但我们可以为女孩提供解决矛盾的方法。在上一条的基础上，为女孩提供一条解决矛盾的方法，然后按照这个思路，让女孩自己思考更多的解决方法。比如我们可以问孩子："你有什么好的解决方法呢？""你觉得怎么做会更好呢？"

因为人与人之间的矛盾发生后，通常会有很多种解决方法，女孩思考实践得多了，也就成长了。

第三，鼓励孩子勇敢面对矛盾。在矛盾发生后，女孩之所以会寻求大人的帮助，一方面是她们不知道如何解决，另一方面是因为她们害怕与有矛盾的小朋友说话，可以理解为是面对矛盾的一种逃避或者退缩。对此，我们要告诉女孩：小朋友交往过程中都会产生矛盾，这是一种很正常的现象，没有什么大不了的，我们要积极地面对矛盾，这样我们才会有更多的朋友。

精要分享

《战国策·触龙说赵太后》中有这样一句话："父母之爱子，则为之计深远。"意思是说父母如果真正爱自己的孩子，就要为孩子作长远的打算，教给他们生活必备的能力，而不是事事包办。

女孩与小朋友之间的每一次矛盾，都是提升孩子解决问题能力的机会，当女孩学会自己解决矛盾，也就理解了与他人相处的意义。

女孩成长导图

被老师批评的"小可怜"

成长目标

1. 提升女孩面对批评时的自我反省和承受能力。

2. 培养女孩面对批评时的心理调节能力。

开篇导读

女孩在成长的过程中,不是只有鼓励和赞美,还会有很多善意的批评,这是一个人健康成长的方式之一。"忠言逆耳利于行"讲的就是这个道理。孩子犯错之后,被老师批评指出所犯的错误,就像是园丁修剪花草一样,这样才能使得花草更加健康茁壮地长大。

但是,也许我们都已经意识到,现在的孩子面对学校老师的批评总是难以接受,如果不能够及时疏导,情绪往往会变得低落,甚至会影响其性格。所以,我们既要让女孩接受该有的批评,还要让其在批评中健康成长。

第十章 女孩"逆商"成长导图

故事赏析

这一天放学后,妈妈发现上四年级的小微情绪有些不对,见了自己也不打招呼,有些沉默寡言,一副可怜兮兮的样子,妈妈问其原因,小微说没什么。妈妈也就没有太在意,觉得可能是与小朋友闹矛盾了。

第二天早上上学,小微明显没有之前那么积极了,起床后仍然是闷闷不乐的样子。随后妈妈便向小微同学的妈妈打听情况。同学妈妈说:"我家孩子说,小微在上语文课的时候手里玩转笔,被语文老师批评了。"

得知此情况后,妈妈通过微信询问语文老师情况,语文老师告诉小微妈妈,的确因为小微上课不认真听讲而对其进行了批评。

想起小微像一条可怜虫一样闷闷不乐,小微妈妈不客气地在微信中打出这样一行文字:"小微这几天情绪很不好,我很心疼,请您以后注意您的教育方式,谢谢。"

作为家长,小微妈妈这样做对吗?

我个人认为,小微妈妈的做法是欠妥的。首先我们要明白,孩子上学的目的是学习、接受教育,既然是教育,那么就有表扬和批评,这是毋庸置疑的。有些家长只要孩子在学校受到一点批评,就无法接受,如果是这样,老师在教育孩子的过程中就会畏手畏脚,教育质量便会大打折扣。

所以,我们要能够接受老师对孩子的批评。在此基础上,我们再去解决女孩因为被老师批评而变成"小可怜"的问题。

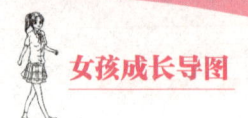

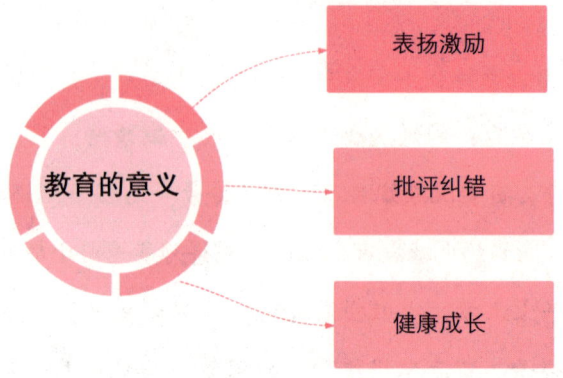

养育方法

面对被老师批评后的小可怜，作为家长，我们该怎么办呢？

第一，情绪安抚。得知女孩被老师批评而情绪有所变化时，我们首先要安抚疏导孩子的情绪，因为很多孩子尤其是女孩在被老师批评后，往往自尊心和自信心会受到冲击。为此，倾听孩子的"委屈"，对孩子的遭遇表示理解，让孩子的消极情绪得到释放。

第二，和孩子一起分析被批评的原因。孩子被老师批评必定有原因，很多时候，是因为孩子犯错造成的，这时，我们要让女孩真正明白被批评的原因，鼓励孩子承认自己的错误，引以为戒，改正错误，并从心里接受老师的批评；当然，有时候老师的批评也有不妥之处，比如老师对孩子有误解，这时，父母切不可鲁莽地去找老师为孩子打抱不平，父母可以心平气和地向老师说明情况。关于女孩，告诉她老师批评她的原因是什么，要理解老师。这样能够帮助孩子正确看待老师的批评。

第三，让女孩正确看待老师的批评。女孩通常都比较爱面子，面对老师的批评难以接受是因为不能够正确理解批评的意义。首先让孩子理解：被批评说明被在乎，老师希望她做得更好更优秀；其次，被批评并不能说明自己不够优秀，每个人都会犯错，知错能改便是一种进步和成长。不要因为被批评而看低了自己。

精要分享

学生如同树苗，如不及时修枝剪杈，极易长成"歪脖子树"。孩子不能在蜜糖和赞美声中长大，适当的批评有百利而无一害。很多人长大后对老师充满感激，就是因为老师及时给出批评，"悬崖勒马"，避免了更严重的后果。

对此，不管是家长还是学习中的女孩，一定要正确理解被老师批评的意义。

女孩成长导图

培养提升女孩直面挫折困难的勇气

成长目标
- 1. 正确理解挫折与困难。
- 2. 树立愈挫愈勇的心理意识。

 开篇导读

在现实生活中我们不难发现，现在很多孩子心理都很脆弱，尤其是女孩子，遇到一点挫折或困难就退缩了、害怕了，这让我们不免会担心孩子的未来。

我们知道，一个人的发展如逆水行舟，不进则退。如果遇挫即放弃，那么逆商近乎零。

人生一世，纷纷扰扰，会不可避免地遇到一些挫败，而用正确的心态看待挫败，并付诸正确的行动，逆商才能得到更好的提升与发展。

第十章 女孩"逆商"成长导图

故事赏析

豆豆今年7岁，是一个爱好广泛的孩子，喜欢画画、唱歌、围棋等，深受老师和同学的喜欢。

学校要举行一次围棋比赛，因为这是她的爱好，所以踊跃报名了。由于是学校级别的比赛，几乎各个班级的围棋爱好者都参加了比赛，自然，活动进行得很是激烈。比赛中，虽然豆豆围棋下得很好，但面对众多高手，她并没有获得名次。

面对曾经被大人们称赞的爱好，在比赛中没有获得好的名次，豆豆心里很是难过。

父母觉得过段时间她会接受这个事实，会正确看待这个结果。可是，从此之后豆豆变了，变得不再像之前那样积极表现自己，也不愿意参加任何比赛。看到豆豆的变化，父母很担心，害怕孩子就此一蹶不振，失去上进心。

父母的担心是有道理的，因为面对挫折和困难，孩子一旦产生躲避、惧怕的心理，造成心理阴影且不能克服，那么今后遇到类似的问题可能也会做出同样的反应，心理变得更加脆弱。

解决孩子心理脆弱问题，首先父母要树立正确的挫折教育意识，不要觉得女孩心理承受能力差，受到挫折应该立刻加以保护，这样并不利于解决孩子心理脆弱的问题，反而会影响女孩心理健康成长。其实对于女孩来说，尤其是在早期受一点挫折是十分必要的。

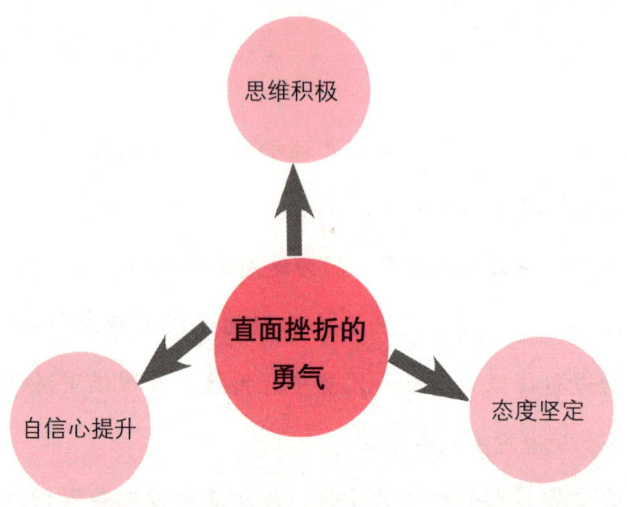

养育方法

第一，给予孩子犯错的权利。 有些家长为了严格要求女孩，让女孩比同龄人更优秀，孩子一旦犯错，就会严厉斥责，使得女孩对父母产生了惧怕心理，也使得女孩对成败看得格外重要。在这种情况下，女孩做事就会显得畏手畏脚，一旦失败，恐惧害怕、挫折感就会强烈地涌上心头，战胜挫折的勇气便会减弱。所以，我们要给孩子犯错的权利，让孩子彻底放手去搏。

第二，引导孩子正确理解挫折和失败。 挫折和失败是人生路上正常发生的事情，具有普遍性和客观性。所以，要从小让孩子明白，做任何事情都会遇到困难都有可能失败，让女孩在克服困难的过程中感受挫折、认识挫折，理解生活有苦有乐，有顺境有逆境。这样，当女孩遇到困难挫折或失败时，才会客观面对。

第三，多为女孩提供锻炼的机会，培养面对挫折的勇气。 逆商培养重要的并不是逆商本身，而是在逆境中的胆量，这种胆量从哪里来？

自然是在经历挫折，然后勇敢面对这样重复式的锻炼中得到。对此，我们不要一味地为女孩营造舒适的环境，应适当地制造一些困难，让女孩去适应去磨炼，提升战胜挫折困难的勇气。

第四，肯定孩子的优势，帮助其重拾信心，走出负面情绪。女孩在面对挫折失败后的第一反应大多是垂头丧气，甚至变得消极。这时，我们可以用孩子的优点进行激励式引导，甚至还可以创造让孩子体现自己价值的机会，或者在失败的事件中找出孩子的优势进行肯定，让孩子树立战胜挫折的自信心。

第五，培养孩子的自立心态，提升孩子承受压力的能力。俗话说："压力如弹簧，你弱它就强。"面对挫折时，我们可以为女孩提供建议和思路，但一定要让孩子自己去感受，一方面，培养孩子自立的心态，另一方面，锻炼其承受压力的能力。

精要分享

著名心理学家马斯洛说："挫折未必总是坏的，关键在于看待挫折的态度。"一方面，你面对挫折时有多硬气，战胜它就有多容易；另一方面，只要有勇气去面对困难，即使最后无法战胜，也会成长很多。

女孩成长导图

与其承受不快，不如逆境思考改变

成长目标
1. 理解逆境转变思维的重要性。
2. 掌握改善逆境的方法。

开篇导读

有一个道理我们都懂，那就是逆风的风筝才能飞得更高，其实这个道理如同人生，一个人的优秀都是在逆境中练就的。女孩在逆境中通常会有这样几种消极的表现：1.放弃，当什么事都没发生；2.承受痛苦和不快，但却无能为力。随着我国教育水平的提高，大多数女孩可能都属于后者。这就需要我们引导女孩在逆境中改变思维，丢掉不快，战胜困难。

故事赏析

有一个10岁的女孩名叫雪萌，她从6岁就开始学习钢琴，学了4年已基本有所成，同时也迎来了最为重要的钢琴考级考试。

为了这次考试，雪萌准备了很长一段时间，考试前她充满了自信。

第十章 女孩"逆商"成长导图

但遗憾的是,结果不如所愿,她没有考过。

对此,雪萌非常伤心,情绪低落地待在自己房间里不肯出来,饭菜也是妈妈送到房间里。

正在外地出差的爸爸闻讯赶回家中,来到雪萌的房间说道:"我知道这次考级没考好你很难过,爸爸问你一个问题,你还喜欢钢琴吗?"

雪萌点了点头。

爸爸又说:"我们思考一下,考级是唯一证明你钢琴弹得好与不好的标准吗?"

雪萌想了想,坚定地说:"不是!"

爸爸接着说:"既然这样,我们何必在意这一次考级呢?这一次没考过,下一次我们还可以接着考,但我们的琴艺会越来越高,你说对吗?"

听了爸爸的开导,雪萌似乎明白了什么,开心地和爸爸走出了房间。

所谓穷则思变,变则通。面对逆境也是如此,而对于成长中的女孩来说,她们并没有"思变"的意识,为此,就需要我们进行引导,换一种思维、换一种角度去思考问题,减少内耗,继续轻装上路。

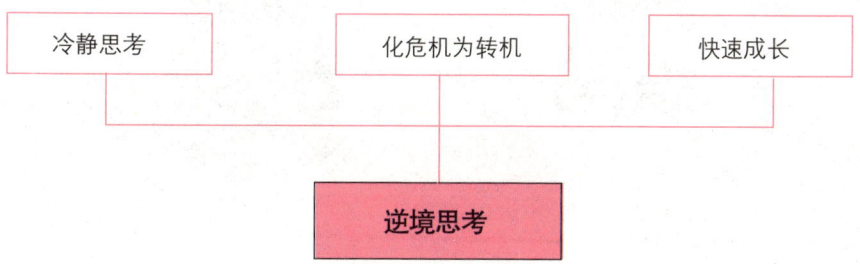

女孩成长导图

养育方法 >>

第一,分析逆境产生的原因。为什么会失败?为什么会遇到这样的困难?会造成什么结果?通过客观深入地分析,让女孩客观理解逆境,从而化伤悲为前进的动力。

第二,正确对待挫折,掌握心理调节的方法。处理逆境最好的方法就是调整心态,但问题是很多女孩年龄太小,不能掌握调整心态的技巧和意识。这就需要父母的协助,如案例中的换角度思考便是很好的方法,此外我们还可以通过鼓励、激励、安慰等方式来帮助孩子掌握调节逆境心态的方法。

第三，勇于改变。引导女孩在逆境中除了善于思考外，还要敢于改变，只有真真切切地去行动，才会将逆境甩在身后，迎来顺境。

精要分享

孩子面临挫折时会感到沮丧、想要逃避，这些想法和情绪很正常，父母要做的就是认同孩子的这些想法和感受，给孩子安慰，但是也要在安慰、理解孩子的基础上进行引导。待孩子情绪平静下来后，可以和孩子一起谈论各种解决困难的方法，给孩子鼓励，陪着孩子一起尝试。如果困难超出了当前孩子的能力，就帮助孩子设定一些小目标，逐步克服困难。在不断地克服困难的过程中，孩子对自己能够应对压力的能力会越来越自信。

附 8-14岁：强健内心，女孩的心态有多强，"逆商"就有多强

北宋文学家、思想家王安石曾说："世之奇伟、瑰怪、非常之观，常在于险远，而人之所罕至焉，故非有志者不能至也。"逆境虽然痛苦，但也是一种难得的磨炼，当然，要想让这种磨炼有效果，就需要女孩有一颗战胜逆境的心态。

心态 1，逆境勿抱怨。

逆境中不要总是抱怨自己很倒霉、很不幸，为什么受伤的总是自己，要让女孩明白，逆境是生活中的一部分，过后便是繁华。

心态 2，逆境勿自卑。

暂时的失败并不等于永远失败，金无足赤，人无完人，告诉女孩不要只看到自己的不足，勇敢面对不足，面对挫折，就能走出逆境。

心态 3，逆境勿嫉妒。

别人比我们优秀一定是别人比我们更努力，告诉女孩，我们可以把对方当成学习的目标，但没有必要嫉妒对方，因为嫉妒并不能让我们变得优秀。

心态 4，逆境勿焦虑。

既然选择了远方，就不要焦虑路上的风吹雨打，在逆境中女孩容易产生焦虑情绪，一方面我们要让女孩认识到焦虑情绪的危害，另一方面，一旦发现有焦虑的苗头，要立即进行疏导。

心态5，逆境勿逃避。

很多大人在面对困难和挫折时也会产生逃避的心态，更别说是成长中的女孩。也就是说，逃避是女孩面对逆境时经常产生的一种心态。对此，从女孩小时候开始，我们就要进行勇敢面对挫折逆境的心理教育，此外身处逆境时，更要进行正确的引导和培养，让女孩有一颗勇敢的心来面对逆境。

心态6，逆境勿执着。

逆境中不要太过于执着，不要有一条道走到黑的心理，其实很多女孩子在逆境中是非常固执的，一直和自己较劲，不懂得换位思考，但也找不到好的解决方法，由此造成僵持状态。对于女孩的这种情况，我们要适时为女孩提供更好的思路和方法。

第十一章

女孩情感成长导图

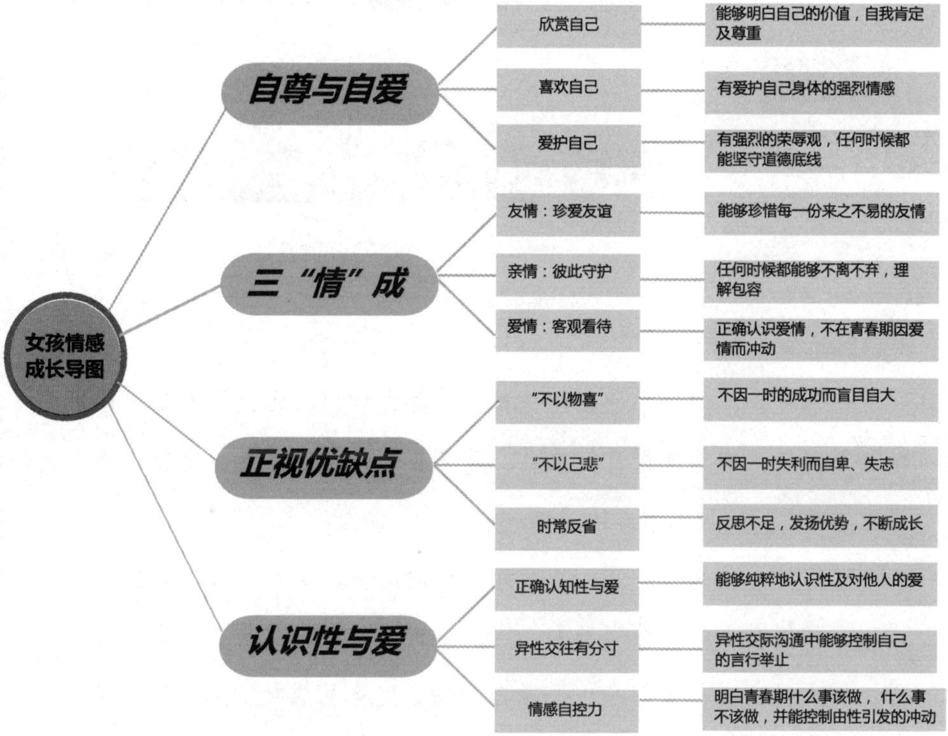

- 女孩情感成长导图
  - 自尊与自爱
    - 欣赏自己 —— 能够明白自己的价值，自我肯定及尊重
    - 喜欢自己 —— 有爱护自己身体的强烈情感
    - 爱护自己 —— 有强烈的荣辱观，任何时候都能坚守道德底线
  - 三"情"成
    - 友情：珍爱友谊 —— 能够珍惜每一份来之不易的友情
    - 亲情：彼此守护 —— 任何时候都能够不离不弃，理解包容
    - 爱情：客观看待 —— 正确认识爱情，不在青春期因爱情而冲动
  - 正视优缺点
    - "不以物喜" —— 不因一时的成功而盲目自大
    - "不以己悲" —— 不因一时失利而自卑、失志
    - 时常反省 —— 反思不足，发扬优势，不断成长
  - 认识性与爱
    - 正确认知性与爱 —— 能够纯粹地认识性及对他人的爱
    - 异性交往有分寸 —— 异性交际沟通中能够控制自己的言行举止
    - 情感自控力 —— 明白青春期什么事该做，什么事不该做，并能控制由性引发的冲动

女孩成长导图

自尊,是女孩端正情感的基础

成长目标
1. 认识自己的价值。
2. 让女孩喜欢自己。

开篇导读

一个女孩,如果无论相貌、表现、能力如何,无论别人如何评价她、否定她,她都懂得肯定自己、欣赏自己,那么,她一定懂得捍卫自己的尊严,这便是自尊的情感。

可见,女孩的自尊是一种贵如黄金的品质,是女孩成长路上不断进取、积极向上的内核驱动力。它能促进女孩做事更规范、更认真严谨,做人更高尚、更有品位,考虑问题会优先从成功、荣誉感、成就感等方面出发,来赢得人们对她的尊敬和认可。

故事赏析

小区里,有一个10岁的男孩带着一群小孩子在玩耍,他是这个小区的孩子王,也很霸道,因为每个小孩都要听他的指挥。

6岁的女孩乐乐下楼扔垃圾时看到他们在玩耍,也想参与其中。于是她走到这群孩子面前,礼貌地说道:"我能和你们一起玩吗?"

那个大男孩说:"可以,不过你首先要向我下跪。"

乐乐问:"为什么呢?"

男孩说:"因为我们在玩国王与奴隶的游戏,我是国王,你想要玩就得先当奴隶。"

之前,乐乐从妈妈给她讲的故事中听过关于奴隶的故事,她知道奴隶是受剥削受压迫的人,是对人的一种不尊重,人是不可以做奴隶的。

想到这里,乐乐坚定地说:"我不跪,我才不当奴隶呢。"说完便转身离开,向家的方向走去。

显然,别看乐乐只有6岁,但她已经明白了自尊的意义。也从侧面表明女孩的自尊与父母的教育方式有很大的关系。比如妈妈在给乐乐讲故事的过程中,便灌输了自尊的意义,什么事可以做,什么事不可以做。反过来看男孩,如此要求他人做有伤自尊的事情也是对自己的侮辱。

回看当下,有多少女孩"宁可坐在宝马车里哭,也不要坐在自行车上笑"?尽管有时候也是被现实所迫,但做人要有骨气和傲气,否则,尊严尽丢。

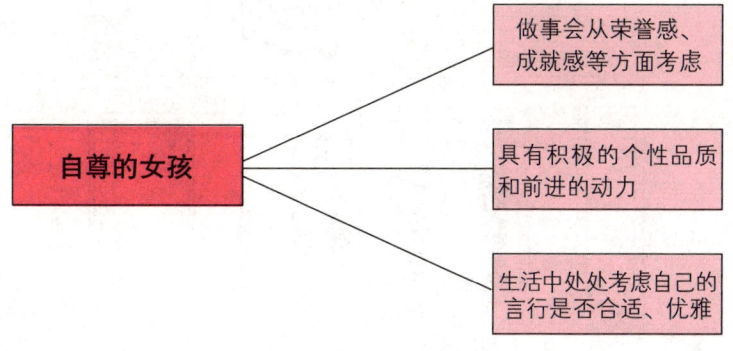

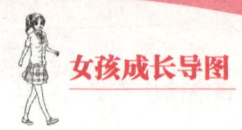

养育方法》

女孩自尊的情感培养与父母有很大的关系，如果父母的教育方式错误，就会伤害到女孩的自尊，久而久之便会失去自尊。所以，父母在教育女孩的过程中一定要注意方式方法。

第一，让女孩喜欢自己。让女孩喜欢自己这是构建自尊情感的基础，从小就告诉女孩，你是独一无二的存在，无论相貌、智商如何，要相信自己是最可爱的。只有让女孩喜欢自己，她才会接受自己的不足，才不会因为自己的不足而自我否定甚至放弃。

第二，**尊重女孩的感受**。允许女儿表达自己的观点及情绪，不能因为女儿未成年就不屑于她的观点和建议，相反，有时候我们可以采用女儿的建议，并给予赞许，从而培养女儿的成就感、荣誉感。

第三，**尊重女孩的隐私**。在家庭教育中，尊重女孩才能提升女孩的自尊，首先，父母要尊重女儿的隐私，尤其是当女孩逐渐长大后；其次，要树立男女有别的观念，尤其是父亲，不能像小时候一样搂抱或坐在自己的腿上。

第四，**强健内心**。在心理学界有一个概念叫"习得性无助"，意思是一个人在多次失败、被惩罚后，造成任人摆布的状态。一方面，是因为父母过度频繁地指责打击孩子，造成女孩自尊心的减弱；另一方面，与女孩心理脆弱有关。而女儿将来步入社会，受到指责和打击也许会很频繁，所以，解决这个问题最好的方式是培养女孩坚强的内心。

精要分享

自尊心是孩子精神人格的脊梁，是孩子的生命之火。自尊心没有建立起来，就等于孩子的脊梁没有挺立起来，生命之火没有燃烧起来，因此孩子很难会有成长的动力。只有当孩子开始尊重自己，把自己当做和别人一样平等的人来尊重的时候，孩子的主体人格才会真正建立起来。

女孩成长导图

友谊是人类最高尚的感情

成长目标

1. 认识友谊的真正意义。

2. 懂得构建、维护友谊。

 开篇导读

在我们家孩子小的时候,我曾经问他:"你有好朋友吗?"她说有,然后给我列举了很多,说谁谁谁是她的好朋友。然后我又问:"你有这么多好朋友有什么用呢?"

她说:"可以和我一起玩啊!"我问:"还有呢?"她说:"不知道!"

这就是孩子们眼中的友谊,很单纯。

在我们成年人的世界里,友谊可能会有更大的作用,除了以上小孩子认为的能够陪我们一起玩耍之外,还有"朋友多了路好走吧"!

事实上,友谊的意义有很多,在孩子成长的过程中不可或缺,且非常重要。

第十一章　女孩情感成长导图

故事赏析

很多家长认为，孩子眼中的友谊就是过家家，不用在意，其实，良好的友谊观念能够让孩子的心智更加成熟。

哈佛大学心理学教授、儿童行为学专家罗伯特根据多年访谈调研，对儿童友谊发展分了五个层级，我们来了解一下：

友谊级别	年龄	表现
0级友谊	3—6岁	这个阶段的女孩仅仅认为朋友就是和自己一起玩耍的人，她们的友谊都是在玩耍中建立的，没有"他人"意识，只有"自我意识"，且友谊瞬间变化，不稳定。比如她会说："你今天不是我的朋友了！"
1级友谊	5—9岁	这个阶段的女孩已经开始变得关心朋友了，在她们的心中，友谊就是能够得到好处。比如小朋友给她送了礼物，分享了玩具，她就会把对方当做好朋友。有时她会把友谊当作达成某事的条件，比如说："你再这样做，我就不是你的朋友了。"
2级友谊	7—12岁	这个阶段的女孩比较重视公平和互惠互利，比如她请朋友吃了一根雪糕，如果下次有机会她希望朋友能够请她，否则友谊的小船就会翻掉。她们开始在意同龄人之间的友谊规则和评价，开始有了小团体或者"秘密俱乐部"等。
3级友谊	8—15岁	这个阶段的女孩有了互相帮助解决问题的意识，并且有了闺蜜，并愿意分享自己的想法、感受甚至一些不愿向父母提起的秘密。为了友谊，她会妥协，会关心对方。但是，如果她发现一方有了另外一个闺蜜后，她会感到一种背叛和失落。
4级友谊	16岁后	这个阶段的女孩，已经非常重视与朋友之间的情感关系，她们会彼此欣赏对方，且能够包容对方的不足。她们可以接受朋友有其他的朋友，即使因为某些原因分离，也会通过电话保持联系，且基于成熟的友谊关系会维持一段时间。

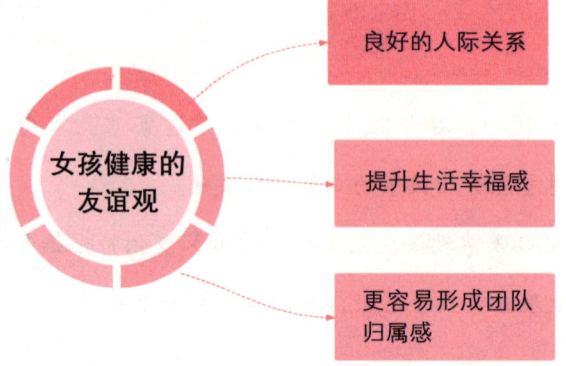

养育方法

从以上可以看出，友谊的级别不同，看待友谊的观念及对待方式就会不同，那么，我们该如何培养女孩正确的友谊观呢？

第一，重视孩子的友谊。 女孩的友谊：播种、关爱、修剪。

友谊是女孩成长中非常重要的一种情感，这种情感能否健康地萌发、长大，主要取决于父母的播种、关爱和修剪。

第二，7岁以前女孩。 对于这个阶段的女孩，一方面，父母要尽可能地为女孩提供与其他孩子一起玩耍的机会。比如带孩子去游乐场游玩，带孩子去朋友家与朋友家的孩子一起玩，邀请朋友同学来家里玩等。以此来为孩子创造一个与他人相处的"预热"环境。

另一方面，让女孩在与朋友交流的过程中学会表达自己的感受，否则，容易激发矛盾，产生不愉快。这一点可参考本书第十章"小孩之间的矛盾，让孩子自己去解决"。引导女孩学习认知自己的感受，识别他人的感受，是培养高质量友谊的基础。

第三，7岁以后的女孩。 这时的女孩逐渐有了他人的概念，这时，我们要着重培养孩子学习"友谊"的规则。比如去游乐场滑滑梯，如

第十一章 女孩情感成长导图

果有很多小朋友，则需要排队，这便是规则。而且我们要让女孩明白，这种规则不仅能够让他人开心，自己也能够得到平等的机会。

第四，监督引导。人可以影响人，且并不是所有的人都是好人，如果女儿交了不好的朋友，或者有了不好的友谊，我们该怎么办呢？

首先，确认与其之间的友谊对孩子是否造成了伤害。其次，如果是，拿已造成的伤害询问女孩："你会对他人这样做吗？"让女儿明白这种友谊的危害，从而远离。

> **精要分享**
>
> 早在 2003 年，湘潭师范学院学报（自然科学版）发表的论文《大学生的友谊观与其友伴的数量关系》中，关于友谊有这样一段论述：
>
> 学龄儿童认为互惠、平等、合作是友谊关系的基础，而青少年则把亲密性视为友谊关系的核心。在友谊认知的性别差异上，许多研究结果都表明，女孩从青少年前期和早期开始就比男孩更为强调友谊中亲密性的重要性。这种差异在有关成人的研究中得到了证实。但有研究者认为，亲密性上的性别差异仅是一种方式而已，女孩与朋友谈论个人私事以表达她们与朋友的亲密关系，男孩则是通过非言语方式。
>
> 总的来看，女孩与男孩的友谊认知是有所不同的，所以这里要强调的是，在构建儿童友谊观的过程中，要注重选择更适合女孩特性的方式和方法。

女孩成长导图

不以己悲,引导女孩正视缺点

成长目标

1. 客观认识自己的优秀与不足。

2. 做事懂得扬长避短。

开篇导读

尺有所短,寸有所长,每个人都是这个世界上独一无二的存在,也正因为如此,每个人都有其优势和不足。在女孩成长的过程中,由于好胜心的驱使,在面对自己的不足时,有些女孩容易产生消极情绪,导致错误的心理情感及行为。

为此,作为家长,我们要帮助孩子在成长中正确看待自己的缺点,在做事的过程中,能够懂得扬长避短,充分发挥自己的优势,而不是和不足较劲。

故事赏析

操场上,品学兼优的三年级女孩雯雯正在参加短跑比赛,一向被老师认可表扬，被同学视为班里骄傲的雯雯觉得，自己一定能够在比赛中取得好成绩。

然而遗憾的是，由于雯雯个子较矮，腿也相对比较短，加上平时并不怎么锻炼，与那些个子高腿长爱运动的同学相比，实在没什么优势，所以，她得了最后一名。

雯雯听到老师宣读最终结果时，脸涨得通红，她觉得她给班里丢了脸，辜负了老师和同学们的期望，心情变得低落而沉重。

回到家后，妈妈发现了异样，问其原因，雯雯只是说没什么事。无奈母亲只能问老师，老师向雯雯妈妈说了大致原因，表示这次运动会只是一场友谊赛，雯雯虽然没有取得好成绩，但我们都没有怪怨她的意思，没想到雯雯这么大的反应。老师承诺，会对雯雯进行心理辅导。

第二天课间，老师把雯雯叫到办公室说："每个人都有自己的优点和不足，你的优点是聪明，好学，所以学习成绩是班里最好的。可是我们要承认我们并不擅长跑步，所以不能取得好成绩很正常……"

通过老师的引导，回家后妈妈又与雯雯进行了探讨，雯雯的心结解开了，又恢复了往日的活跃。

"不以物喜，不以己悲"，这是古人的智慧，"尺有所短，寸有所长"，这是人类生活中积累的经验。女孩长大之后，父母可培养女孩的自省意识，让女孩能够理智地认识及评价自己，在自省中成长发展。

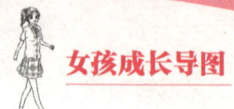

女孩成长导图

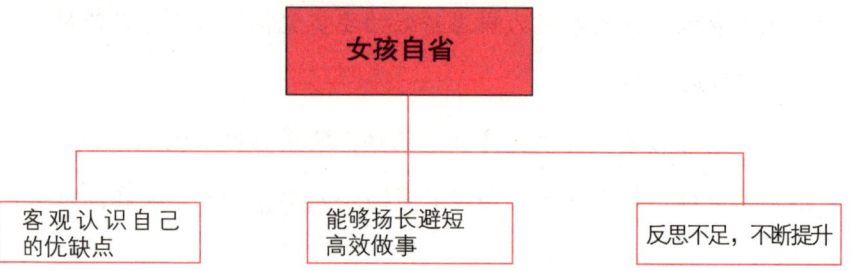

养育方法 >>

第一，看到别人的优秀，也要看到自己的优秀。有时候，女孩看到别人的优秀难免会产生嫉妒或失落的心理，埋怨自己没有别人优秀，严重者对自己失去信心，甚至自暴自弃。对此，在与孩子探讨同学的优势，或者看到同龄人的优秀时，父母要引导孩子在承认他人优秀并称赞的同时，也要客观认识自己的优势。比如某同学画画非常好，女儿羡慕不已，这时父母可以找一个女孩的优点进行夸赞对比，让女儿明白，每个人都有自己的优势。

第二，**赞扬女孩的优点，保持并良好发展**。孩童的心理是非常脆弱的，对于孩子的优势我们要恰当赞美并鼓励，以此来保持并不断提升女孩的优势稳步发展。此外，尽量不要指责、数落女孩，多观察女儿身上的闪光点，因为人都是从点滴中变得优秀的。

第三，**同情孩子的挫败，客观分析正确认知**。女孩在遭遇挫败心情低落时，父母要及时进行疏导。首先，我们要站在女孩的角度去理解女儿的感受，并表示同情。其次，要与女儿一起客观分析挫败，为什么会挫败？什么原因？是客观原因还是主观原因？等等，从而消除消极情绪，理智看待事物的本质。

精要分享

　　每一个人都是一个独立的自我，每一个人都有自己的优点和缺点，世界上不可能有十全十美的人，但一个人如果能够了解自己的优点和缺点，以及这些优点和缺点在不同时空对你所具有的意义，那就差不多接近十全十美了。

　　作为家长，我们要学会引导孩子认识自己的优势和不足，由此扬长避短，不断进步。

附　9-14岁：青春期，正确认识性与爱

谁没有青春过？谁的青春又不曾疯狂？如同德国思想家歌德在其著作《少年维特的烦恼》中所写："哪个少年不钟情？哪个少女不怀春？"

毫无疑问，青春期是女孩最美好且最有活力的时光，这个阶段的女孩身体上会发生明显的变化，当然，心理上也会有较大的起伏，尤其是以性成熟为特点的身心变化，对女孩的成长有重大影响，那么，对于青春期的女孩，父母该如何培养，并引导其正确认识性与爱呢？

前几天看到一个新闻，说是一个14岁上初中的女孩，住在学校，每星期回家一次。有一个周末，女孩没有回家，于是父母去学校寻找，宿舍也没有找到人，问了同学都说没见到她。无奈只能报警，在警察的协助下最后找到了，原来这个女孩跟一个社会小青年走了。

在派出所，父母问她："为什么要跟着这个男孩走？"

女孩说："我觉得他很帅气，有男子汉气质，而且对我很好，我喜欢他，愿意和他在一起。"

这样的回答让父母又愤怒又难以接受，他们实在没想到女孩会这样想。

分析这个案例，女孩所谓的喜欢只不过是因为男孩长得帅气，因为女孩性心理的发展导致了对这位男孩的爱慕，从而做出了如此荒唐的事情。原因之一，是父母对女孩关于性与爱的培养及引导不够，导致了女孩的随心所欲。

青春期女孩正确的性与爱观念：应该是明白在青春期什么事该做，什么事不该做、能够控制由性引发的情感冲动、能够正确理解第二性征。

那么，我们对女孩该如何正确地引导呢？

第一	正确看待性与爱。性是人体发育过程中最本质的需求，是人体发育过程中的正常生理表现，而爱是一种契合自己审美及心理期望从而想要得到的心理，是一种很纯粹的感觉。
第二	丰富自己的生活。女孩在青春期阶段，要不断丰富自己的生活，除学习之外，要扩展或者深耕自己的兴趣爱好，一方面，可不断进行自我提升，另一方面，让自己忙起来，可避免由性引起的胡思乱想。这一点，父母要做好引导工作。
第三	培养女孩自我克制能力。当代，由于信息的开放性，女孩对性的了解程度往往出乎父母的意料，对此，我们要时刻关注女孩的生活，并告诉女孩，你可以喜欢异性朋友，但不可以表白，因为这样会分散学习的精力，会打乱彼此的生活方式，所以要克制自己的感情冲动。
第四	培养女孩的道德情操。女孩在进入青春期阶段，对其道德情操和自身修养的培养要不断加强，因为这对于控制情感冲动有很大的作用。

关于性教育，《中国教育报》曾发文《性教育对预防少儿遭性侵至关重要》，其中写道："性教育始于幼年期，家长是第一任教师，而且会一直延续到成年，因此，家长掌握家庭性教育的理念、知识和方法就非常重要。英美法等国家，都非常重视家庭性教育，家长会随时关注孩子的变化，给予适当的指导和帮助。而在我国，大多数家长基本

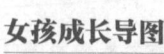

没接触过科学的性教育,自然难以胜任对子女的性教育工作。更有甚者,有的家长自己的言行对孩子还有负面影响。因此,家长注重对科学性教育知识的学习尤为必要。"

附 0—12岁女孩成长特点

	0—1岁
简述	人生的第一个生长高峰。 感觉、动作和行为发育最快的时期。 视觉、听觉、运动、情感和社交发育和发展的关键期。
生长发育特点	1岁时： 身高：67.2cm-83.4cm，平均约为75.0cm。 体重：8.45kg-11.73kg，平均约9.40kg。 头围：41.5cm-49.3cm，平均约45.1cm。 尤其在前四个月身体增长速度较快。
语言特点	6周时：第一个真正的微笑就会出现，并喜欢得到你对她微笑的回应。 7个月时：会使用有意义的手势(以及其她肢体语言)。例如，她可能会举起手臂示意想要被抱起。 9个月时：会认出并回应她自己的名字。 12个月时：爱听成人念的儿歌、讲的故事，能说两三个单词。会表达自己的各种感情。
能力方面	1.开始学习走路等对她来说难度比较大的动作技能。 2.能基本认识三种动物。 3.能完成大人提出的简单要求。 4.不会做父母禁止的事。 5.愿意与小朋友一起玩。 6.喜欢户外活动，对户外事物充满好奇心。 7.喜欢和大人一起做事。 8.喜欢被表扬。

续表

	1-2岁
简述	1.情感逐渐丰富。 2.逐渐建立自己的思想体系。 3.培养关键点：给予孩子最好的陪伴。
生理特点	2岁时： 身高：77.3cm-98.0cm，平均约为87.2cm。 体重：10.70kg-14.92kg，平均约11.92kg。 头围：43.6cm-51.4cm，平均约47.3cm。 面貌：手臂和腿会逐渐拉长，脸会变得更有轮廓感，下巴线条更明显。
手部和手指能力发育	好奇心强，喜欢摆弄一些小东西。如： 搭起积木，然后推倒。 反复打开、盖上盒子等物体。 捡起正在滚动的球或其他移动的物体。 转动门把手和翻书页。 把圆钉插进洞里。 涂涂画画。 为提升孩子的协调能力，可引导玩以下游戏： 1.折纸； 2.把大方丁插进合适的小孔里； 3.摞起更多块的积木； 4.用黏土捏一些形状；
语言发育及其培养	基本能够听懂父母在日常生活中的一些语言，并会按照父母的意思去做事情。比如你说要吃饭了，她就会跑到餐桌椅旁，等着吃饭。 着重培养遣词造句，大部分孩子在快2岁时可以掌握至少50个口语词汇。 营造良好的沟通环境，多与孩子沟通，即使不能听懂，也对后期孩子语言甚至大脑发育极为重要。
	2-3岁
生理成长特点	3岁时： 身高：85.4cm-108.1cm，平均约为96.3cm。 体重：12.65kg-17.81kg，平均约14.13kg。 头围：44.8cm-52.6cm，平均约48.5cm。 脑重量：约为1000克，是出生时的两倍多，每天睡眠时间约14个小时。 骨骼更加坚硬，但骨化过程还未完成，容易变形； 身体和手的基本动作已经比较自由； 能在成人指导下穿脱衣裤鞋袜及自己吃饭，具有初步的生活自理能力。

续表

语言和感知能力	语言：逐渐学会正确发音，掌握1000至1600个词汇，但对词义的理解肤浅片面。能用较恰当的词句表达自己的思想和要求，但带有很大的情景性；喜欢听故事、学儿歌，开始更加喜欢与他人交流。 感知能力：感知逐渐完善，能初步辨认红、黄、蓝、绿等常见色；能辨认上、下、前、后方位；掌握圆形、方形、三角形；对生动形象、色彩鲜艳的事物容易认识。
记忆及其培养	1.走、跑、跳等基本动作更加协调，身体控制能力进一步提高。 2.能够协调运用各种技能。 3.建立了大小、颜色、形状等基本概念。 4.能指出事物的相似处、不同处和显著的特征，能按颜色、形状归类。 5.喜欢听故事、音乐、儿歌，有初步的图画概念，有一定的模仿能力。
父母须知	尽可能地为幼儿提供色彩丰富的环境，促进幼儿各种感觉器官的发育，以及与同伴相处交往、探究活动和表现的机会，培养孩子的交际能力，进一步提升语言表达能力。 注意她的自信心及同理心的培养和引导；不断培养她理解别人的想法和情绪的能力。做好孩子的启蒙老师，父母要自信。
3-4岁	
生理成长特点	身高：91.7cm-115.3cm，平均约为103.1cm。 体重：14.44kg-20.54kg，平均约16.17kg。 头围：45.7cm-53.3cm，平均约49.4cm。 走、跑、跳等基本动作更加协调。
心理和行为成长特点	1.好奇心强，爱尝试和发问； 2.爱模仿； 3.开始喜欢玩游戏。
父母须知	4岁是个重要的年龄分水岭，因为从4岁开始，孩子的认知能力大幅成长，父母要掌握正确的培育方法，在提升孩子能力的同时更要维护好孩子的自信心。
4-5岁	
生理成长特点	5岁时： 身高：97.8cm-123.4cm，平均约为110.2cm。 体重：16.20kg-23.50kg，平均约18.26kg。 头围：46.3cm-53.9cm，平均约50.0cm。 每天晚上睡眠10至11个小时，乳牙开始松动，模仿力强，性格雏形开始形成。

续表

心理成长特征	1.活泼好动，天真单纯，比较任性和以自我为中心； 2.思维具体形象； 3.开始接受任务； 4.开始自己组织游戏。
父母须知	父母要着重培养孩子乐观、诚实、责任心等情商能力；鼓励孩子，灌输正能量，加强自信，培养孩子乐观、积极向上的心理状态。
5-6岁	
生理特点	身高：103.2-121.2cm，平均约为116.6cm。 体重：17.94-26.74kg，平均约为20.37kg。 身体灵活性、平衡感、敏捷性、力量发展迅速，跑步速度比之前更快且更加平稳；跳跃稳当，扔、抓行为成熟。
心理特点	大多数时间都很乖，很听话。 因为想赢，所以好胜心强。 开始渐渐习惯性地推卸责任。
父母须知	重视和辅导孩子的学习，如认字、写字、英语、数学，为升入小学做准备；
6-7岁	
生理成长特点	7岁时： 身高112.7-127.6cm，平均约为122.5cm。 体重19.74kg-30.45kg；平均约为22.64kg。 由于儿童骨骼中的有机物较多而无机物较少，因此弹性大而硬度小，脊柱尚未定型。为此，要特别注意坐、立的正确姿势，以免发生弯曲变形。
心理成长特点	1.秩序感较差，缺乏纪律意识，所以需重点加强培养。 2.自我意识逐渐强烈，反抗意识明显。为此父母教育要有耐心，善于了解孩子的内心想法。 3.思维和内心已渐渐变得强大。 4.能对自己的行为作具体、简单的评价，能主动服从他人的督促、管理及约束。 5.能表达自己的喜怒哀乐，并会恰当地使用礼貌用语，有同情心。
父母须知	如果你发现7岁的女儿无缘无故不开心，请不要烦恼，因为她们思考越来越有深度，常常会因为思考而安静下来。 如果你发现女儿变得多愁善感，也不要担心，因为这是女儿成长必定要经历的一个过程。

续表

	7-8岁
生理成长特点	8岁时： 身高117.9cm-133.9cm，平均约为128.5cm。 体重：21.75kg-34.94kg，平均约为25.25kg。 对父母的依赖有所减弱；独立能力相对提升。
心理成长特点	1.喜欢和父母探讨一些千奇百怪的问题，喜欢倾诉自己的奇思妙想。 2.道德意识开始建立，能够独自完成父母交代的事情，并喜欢去做，以此获得父母的赞赏，能进行客观的自评。 3.会察言观色，懂得看脸色行事，父母生气时，会做一些事情来讨好父母。 4.对是非、善恶有较为清楚的概念，知道什么事情该做什么事情不该做，抽象思维快速发展。
父母须知	1.特别重视和培养孩子的口语成长； 2.通过事件让孩子明白如何避免犯错及避险； 3.提升孩子辨别是非的能力。
	8-9岁
生理成长特点	9岁时： 身高：122.6cm-139.9cm，平均约为134.1cm。 体重：23.96kg-40.32kg，平均约为28.19kg。 小肌肉与大肌肉都已得到很好的发展。
心理成长特点	心理具有一定的感情色彩，会通过自我感受去理解判断，可能会出现撒谎、沉默等现象。 荣誉感和竞争心理明显；
父母须知	1.不在公众场合嘲笑和批评孩子，容易造成孩子怀恨和害羞的心理，损伤孩子的自尊心。 2.重点提升孩子的学习能力，加强文化课学习。 3.由于大脑发育正好处于内部结构和功能完善的关键期，所以是培养学习能力、情绪能力、意志能力和学习习惯的最佳时期。
	9-10岁
生理成长特点	10岁时： 身高：127.6cm-146.4cm，平均约为140.1cm。 体重：26.6kg-47.15kg，平均约为31.76kg。

续表

心理成长特点	1.自我意识增强，胆子变大。 2.自控和自律意识开始两级分化。比如有些孩子越来越爱学习，有些孩子越来越爱玩。 3.情感日渐丰富。如果父母与孩子沟通不畅，彼此隔阂会越来越大。 4.秩序感减弱，拖延症上升。因为自我意识增强，对于不感兴趣的事情往往会心不在焉，所以，效率降低。
父母须知	1.多观察，及时了解掌握女儿的心理变化。 2.注意自己的教育方式和态度，认真沟通，从根本上解决问题。 3.多表扬，少批评。 4.多参加群体活动或公益活动，培养女儿的爱心，感受助人为乐的乐趣。
	10—11岁
生理成长特点	11岁时： 身高133.4cm-153.3cm，平均约为146.6cm。 体重：29.99kg-54.78kg，平均约为36.10kg。 如果出现一些超常个体指标差异的，就需要注重动态观察。
心理成长特点	1.叛逆的心理逐渐显现； 2.对抗性逐渐增强； 3.经常以自我为中心。
父母须知	父母必须了解的11岁女孩有心理特征。 身体发育方面：有些女孩子在这个时期，因为对自己胸部发育感到不好意思，所以常以驼背来掩饰自己的发育。 情绪方面：情绪起伏不定，经常无缘无故生气。 饮食方面：对食物的喜欢不定，食欲也不定，有时很能吃，有时却没有胃口。 学习方面：有了厌学的苗头，对此，父母要积极培养引导。 意识方面：自我意识强烈，比如在穿衣方面开始提要求。
	11—12岁
生理成长特点	12岁时： 身高：139.5cm-158.8cm，平均约为152.4cm。 体重：34.04kg-61.22kg，平均约为40.77kg。
心理成长特点	自理能力增强，负面消极情绪逐渐减少； 喜欢集体活动； 自控能力提升，开始善于思考。
父母须知	1.这个年龄段的孩子除了学习外，对异性和物质也会更加关注，因此，父母一方面要引导孩子正确的与异性交往；另一方面在物质方面要传递正确的观念； 2.自我认为什么都懂。她们觉得自己什么都知道，装成熟，喜欢参与到大人的事物当中。对此，父母要做好约束工作，防止女孩走入歧途。 3.给孩子独立思考的空间，培养孩子良好的性格。